JACQUESON

LES ROMANS DU PROGRÈS

LE NOUVEAU
MAITRE D'ÉCOLE

PAR

PONSON DU TERRAIL

PARIS
LIBRAIRIE DE L. HACHETTE ET Cie
BOULEVARD SAINT-GERMAIN, N° 77

LE NOUVEAU

MAITRE D'ÉCOLE

LES ROMANS DU PROGRÈS

LE NOUVEAU MAITRE D'ÉCOLE

PAR

PONSON DU TERRAIL

PARIS
LIBRAIRIE DE L. HACHETTE ET Cie
BOULEVARD SAINT-GERMAIN, N° 77
1865

A

MONSIEUR SAINTE-BEUVE

de l'Académie française

CHER MAITRE,

Les bonnes fortunes sont rares en littérature. Permettez-moi donc de me montrer fier de l'autorisation que vous voulez bien me donner d'inscrire votre nom en tête de ce modeste volume.

Votre admirateur,

PONSON DU TERRAIL.

LE NOUVEAU
MAITRE D'ÉCOLE

RÉCITS D'UN CAMPAGNARD

PREMIÈRE PARTIE

CHAPITRE Ier

Le maître d'école était mort, un maître d'école du bon vieux temps, comme disent certaines gens qui louent le passé, blâment le présent et n'envisagent jamais l'avenir qu'avec une sérieuse épouvante.

Ce maître d'école était venu à Saint-Donat il y avait bientôt quarante ans.

Mais, d'abord, qu'est-ce que Saint-Donat?

Un village de cent cinquante feux que j'ai commencé à habiter en 1860, à l'automne, et où je clos la chasse tous les ans vers la fin de janvier.

Donc, ce maître d'école qu'on avait enterré

le matin avec toute la pompe dont peut disposer une église de village, était venu à Saint-Donat, il y avait quarante ans ; et pendant ce long espace de temps il avait fait bien des choses.

D'abord, il s'était marié : un cultivateur du pays lui avait donné sa fille et trois arpents de terre. Il avait toujours été secrétaire de la mairie, homme d'affaires de la famille de *** qui a un château et des bois considérables aux environs, arpenteur pour tous les pays voisins ; il rendait la justice quelquefois, c'est-à-dire qu'il mettait d'accord les paysans qui ne voulaient pas se déranger pour aller trouver le juge de paix, et faisait l'école quand il en avait le temps.

Mais un homme qui est à la fois arpenteur, homme d'affaires, secrétaire de mairie, laboureur et justicier, a si peu de temps à lui !

Cependant, vers novembre, quand les foins étaient rentrés, la vigne binée, le champ ensemencé, maître Chenu, c'était son nom, faisait appel à la jeunesse des deux sexes, car Saint-Donat était trop pauvre pour avoir une maîtresse d'école.

Quelques fermiers riches, à cette époque de l'année, voulaient bien se priver des bras de leurs enfants, sacrifier trente sous par mois et quelques bûches pour le poêle du maître.

Ce dernier, en échange, leur apprenait la sainte croix, leur faisait faire des barres et des zigzags et poussait l'éducation des plus intelligents jusqu'à la lecture des aventures de Télémaque arrivant chez la nymphe Calypso qui ne se pouvait consoler du départ d'Ulysse.

Aussi, depuis quarante années, l'instruction primaire laissait-elle beaucoup à désirer à Saint-Donat, et citait-on avec un certain orgueil Paul Branchu, le maréchal ferrant, qui écrivait comme un demi-monsieur, et savait faire de tête le calcul le plus compliqué.

Mais le maire, un très-brave homme, du reste, avait coutume de dire que le peuple est toujours trop éclairé, et que la réparation des chemins vicinaux et des modifications à apporter au cadastre de la commune étaient choses plus urgentes que d'enseigner à un tas de vagabonds une foule de billevesées qui ne les feraient ni mieux tailler la vigne, ni labourer plus droit.

Comme maître Chenu était un homme des plus capables, il avait, en outre de ses fonctions multiples, la conduite des chemins vicinaux.

— Ah! quel homme nous avons perdu, monsieur! s'écria le père Jacques, l'adjoint au maire, que je trouvai, le soir, m'attendant au seuil de la maison.

Il avait plu toute l'après-midi, et je rentrais mouillé jusqu'aux os, abritant de mon mieux sous ma veste les batteries de mon fusil.

Le père Jacques me suivit dans la cuisine où j'allais me sécher devant un grand feu, et s'assit auprès de moi.

Il tournait et retournait sa casquette dans ses mains d'un air embarrassé.

— Vous avez quelque chose à me dire, père Jacques? lui demandai-je.

— Pour ça oui, monsieur.

— A quel propos?

— Touchant défunt maître Chenu. Ah! quelle perte, mon cher monsieur! Tenez, moi qui vous parle, je vais être bien embarrassé à cette heure.

— Comment cela, père Jacques?

— Rapport à la mairie dont il était secrétaire.

— Eh bien, son successeur sera secrétaire pareillement, j'imagine.

Le père Jacques soupira.

— Voilà justement pourquoi, dit-il, je venais causer un brin avec vous.

— Eh bien, parlez, je vous écoute.

— Ce matin, en sortant de la messe mortuaire de défunt ce pauvre M. Chenu, nous sommes allés chez Cuissard trinquer un brin et goûter sa nouvelle cuvée, avec tous les membres du conseil, et voilà qu'en jasant il nous est venu une bien bonne idée.

— Ah! ah!

— Nous n'aurons plus de maître d'école. Oui, voyez-vous, monsieur, la commune n'est pas riche; cent écus, c'est un fameux sac, et il vaudra mieux employer cette somme à nos chemins qui sont tout défoncés. Et puis, à quoi ça sert de détourner les enfants du travail pour les envoyer à l'école?

On nous donnera quelque blanc-bec qui ne saura seulement pas arpenter. C'est pas la peine.

— Mais, la mairie? objectai-je.

Le père Jacques se gratta l'oreille.

— Ah! voilà justement, dit-il, pourquoi je venais vous voir. Vous savez que notre maire est un monsieur. Il s'en va à la ville quand vient l'hiver, et j'ai alors toutes les affaires de la commune sur les bras. Je sais signer, mais voilà tout; il faut qu'on me prépare le travail.

— Comment ferez-vous donc si vous n'avez plus de secrétaire?

— Nous avons pensé à vous.

— A moi? fis-je en souriant.

— C'est Mathieu-Dominique qui est à la fois du conseil et de la fabrique qui en a eu l'idée.

« Le monsieur des Charmilles, nous a-t-il dit, le gendre à M. X...., est, à ce qu'il paraît, un homme tout à fait capable. Je me suis laissé dire qu'il avait travaillé dans les papiers publics et pour les comédiens; il ne nous refusera pas un coup de main.

« Peut-être même, a dit maître Gouache, le fermier à M. votre beau-père, peut-être même qu'il sait arpenter. Ce serait une fière chance. »

— Hélas! non, répondis-je.

— Ah! fit le père Jacques avec un soupir, je savais bien, moi...Faut être rudement capable pour être arpenteur. Mais enfin, puisque vous êtes ici l'hiver, vous serez notre secrétaire. Pour l'été, on fera comme on pourra. Ah! par exemple, continua le père Jacques avec hésitation, je me suis peut-être un peu bien avancé avec les membres du conseil, mon cher monsieur.

— Que leur avez-vous donc promis?

— Je leur ai dit comme ça : « Le monsieur des Charmilles est un homme qui a des moyens et peut-être qu'il refusera les cent francs que nous donnions à défunt ce pauvre M. Chenu. »

Je me mis franchement à rire et je répondis au père Jacques :

— Mais, mon brave homme, soyez-en sûr, on vous enverra un nouveau maître d'école.

— Ah! par exemple! fit-il avec une indignation subite. On n'a pas le droit de nous prendre notre argent... si ça ne nous convient pas.

— Vous ignorez donc la nouvelle loi?

— Je m'en moque, si elle ne dit pas un mot de nos chemins qui ne sont pas ferrés, tant le *jars* (1) est rare dans nos pays.

— Venez me voir un de ces jours, lui dis-je, et je vous prouverai qu'on vient d'améliorer le sort des instituteurs, et que loin d'être désormais une charge pour les communes, ils leur rendront de grands services.

— Ça c'est bien possible, fit l'adjoint pensif.

(1) Pierre à ferrer les chemins.

Mais, à tout bien considérer, nous n'avons pas besoin de maître d'école.

— On vous en enverra un, cependant.

— Eh bien, dit le père Jacques, on lui fera la vie dure, à celui-là !

. . . .

Huit jours après, je reçus la visite du nouveau magister.

C'était un homme de trente ans, d'une figure intelligente et douce, éclairée par de grands yeux bleus.

— Mon cher monsieur, lui dis-je en me souvenant de ma conversation avec le père Jacques, le tonnelier adjoint au maire, vous arrivez, je crois, dans un pays difficile, qui fait peu de cas de l'instruction, et vous soulèvera toutes sortes de difficultés.

Les autorités de Saint-Donat se composent du maire, du curé et du garde champêtre.

Le maire s'occupe de ses vignes, le curé de politique, et le garde champêtre, qui est sabotier de son état, s'entend avec les braconniers et les maraudeurs.

Si vous chantez au lutrin, le curé ne vous tracassera pas trop ; si vous dînez chez le maire et que vous plaisiez à sa femme, qui est le vrai maire de la commune, vous ne serez pas tourmenté de ce côté-là ; enfin, si vous donnez votre pratique au sabotier, le garde champêtre dira du bien de vous ; mais vous aurez néanmoins contre vous le conseil municipal, la fabrique, les notables, les chaumières et les châteaux.

La baronne de X...., qui habite de l'autre côté de la forêt, correspond avec l'évêque pour obtenir le changement du curé avec qui elle est en brouille, et pour avoir un frère de la doctrine chrétienne.

M. R..., un riche marchand de vins, qui a une demi-douzaine de fermes sur la commune, vous accueillera à la condition que vous entrerez dans une ligue qu'il a formée contre la baronne avec qui il est en procès pour une délimitation de bois.

Enfin, il est fort possible que la veuve de votre prédécesseur, qui est toujours installée dans la maison d'école, fasse toutes sortes de difficultés pour en sortir.

Quant à des écoliers, vous en aurez huit ou dix en hiver et pas un en été.

Si vous ne savez pas arpenter, vous êtes perdu !

Il me regarda en souriant :

— Je suis jeune, me dit-il, je me suis voué à l'enseignement par vocation. J'aurai du courage; et qui sait? ajouta-t-il avec un accent de fierté qui ne me déplut pas, si je ne transformerai pas peu à peu ce pauvre pays?

— Je le souhaite, répondis-je, mais je n'ose l'espérer.

— Vouloir, c'est presque pouvoir, me dit-il, en prenant congé de moi.

Je revins à Paris quelques jours après et ne retournai à Saint-Donat que l'année suivante, c'est-à-dire en septembre 1861.

Ma première visite fut pour M. Simonin. C'était le nom du nouveau maître d'école.

Les blés n'étaient pas rentrés, la vendange n'était pas faite; on commençait les semailles et tout le monde était aux champs.

A mon grand étonnement, cependant, je vis une vingtaine d'enfants qui entouraient le maître et étaient attentifs à sa parole.

Il quitta sa modeste chaire et vint à ma rencontre :

— Ah! monsieur, me dit-il, vous aviez raison, on m'a fait la vie bien dure, tout d'abord; mais je crois que je suis en chemin de faire presque des merveilles.

— Eh bien, lui dis-je, venez dîner aux Charmilles ce soir, et vous nous conterez vos prouesses.

CHAPITRE II

Qu'il me soit permis, avant d'aborder le récit des modestes aventures du nouveau maître d'école, d'ouvrir une parenthèse.

Je suis élève de l'Université. Le lycée de province où j'ai fait mes études était, de mon temps, et il doit l'être encore aujourd'hui, un de ceux où règne la discipline la plus sévèrement paternelle.

Mais là comme ailleurs, comme partout, les rigueurs du préfet des études ressemblaient aux douceurs du foyer maternel, comparées aux méchancetés des élèves envers ce pauvre homme presque toujours très-bon, très-honnête, très-instruit, armant son front d'un airain menteur, et que l'enfance impitoyable flétrit de l'épithète de *pion*.

Depuis que le monde est monde, il s'est trouvé des historiens, des orateurs et des tribuns qui ont cherché et trouvé de belles phrases pour frapper la tyrannie d'anathème.

Les classiques nous ont nourris des cruautés de Denys de Syracuse et de l'empereur Tibère, mais aucun d'eux n'a parlé de ces malheureux rois qui ont passé leur vie à être les esclaves de leur peuple.

La tyrannie des gouvernés est autrement despotique que celle des gouvernants; et de tous les gouvernés, les plus cruels sont bien certainement ces enfants blancs et roses, de dix à douze ans, qui feront un jour les meilleurs citoyens du monde, et qui commencent la vie par des actes de méchanceté inouïe. Nous avions un *pion* au lycée, qui avait vingt-cinq ans. Il était distingué de manières, doux et poli avec nous tous; il attendait pour punir que la faute fût impardonnable. Le soir, quand les portes du dortoir étaient fermées, il se retirait dans sa chambre et travaillait toute la nuit; car il soutenait sa mère et ses deux sœurs. Nous en avions fait notre souffre-douleurs. Sa chaire était un véritable lit de Procuste.

Une nuit, le feu prit au lycée. La garnison, les pompiers accoururent, quelques élèves se sauvèrent, le plus grand nombre fit bravement la chaîne.

Notre maître d'études fit des prodiges de courage, de sang-froid et d'audace.

Nous le vîmes, les cheveux calcinés, les mains brûlées, les genoux en sang, descendre du troisième étage, le long d'une corde, à laquelle il se retenait d'une main, tandis que son autre bras entourait un malheureux élève oublié à l'infirmerie et qui s'était cassé la jambe la veille, à l'école de gymnastique.

Ce jour-là, nous fûmes domptés. On battit des mains, et notre pauvre tyran tyrannisé devint l'ami de son jeune peuple.

Eh bien, l'histoire de mon maître d'études est en raccourci celle de M. Simonin.

Rien ne ressemble à une bande d'écoliers comme une population de campagne.

En Angleterre on aime l'autorité sous quelque forme qu'elle se présente; les grands seigneurs tiennent à honneur de se faire recevoir constables. En France, je parle surtout des campagnes, on n'aime ni les gendarmes, ni le juge, ni le maire, et moins que tous encore, le maître d'école. Ce dernier, presque toujours étranger, est tenu en suspicion par tout le monde, et cela, bien souvent, pendant plusieurs années, jusqu'à ce que, ce qui est presque toujours un tort, témoin défunt M. Chenu, tant pleuré par maître Jacques, il ait pris femme dans le pays.

Cependant l'instituteur primaire est sans contredit l'homme le plus utile de la commune. Il en connaît les besoins, et si le conseil municipal est en quête d'un bon avis, c'est lui qui pourra le lui donner.

Cependant on est moins sévère pour le traitement du garde champêtre, qu'on pourrait appeler quelquefois un garde de transaction, que pour celui du maître d'école.

Pourquoi?

Parce qu'on n'a pas encore démontré suffisamment au paysan que les mois d'école de son fils, les mois qui, à son étroit point de vue, lui coûtent et quelques écus et un travail manuel quelconque, lui rapporteront plus tard le décuple de cette dépense momentanée de temps et d'argent. Il y a déjà quelques instituteurs qui savent l'arboriculture et l'horticulture ; presque tous ont des théories d'agronomie suffisantes.

Le paysan qui sait lire et écrire vend mieux ses denrées, et se renseigne sur les progrès agricoles. L'enfant qui va l'hiver à l'école, travaille aux champs l'été avec plus d'ardeur.

Toutes ces arides théories, M. Simonin, comme on va le voir, parvint peu à peu à les mettre en pratique.

Avant son arrivée, Saint-Donat était un des villages les plus abrutis du centre de la France. Une passion unique, la plus affreuse, la plus repoussante, celle qui, au tribunal de la justice divine, doit rencontrer des sévérités inexorables, car elle est la fille aînée de l'égoïsme, l'avarice, y régnait despotiquement.

Le paysan, les bourgeois, et une certaine aristocratie elle-même, avaient dressé des autels à cette divinité des ténèbres.

On disait volontiers dans les environs : les *chiens de Saint-Donat,* pour en désigner les habitants.

Si vous alliez à Saint-Donat, vous trouveriez aujourd'hui le pays métamorphosé. Cette métamorphose est l'œuvre de notre nouveau maître d'école; et j'aborde à présent son histoire, dont il m'a conté la première partie, le soir où il vint dîner chez moi, aux Charmilles, et dont la seconde s'est passée sous mes yeux, dans un espace de temps de quatre années.

. . . .

Ce fut un soir de novembre que maître Simonin s'installa définitivement à Saint-Donat.

Il était venu quatre ou cinq jours auparavant, à pied, un paquet au bout d'un bâton sur son épaule, et, sans dire qu'il était le nouvel instituteur, il était descendu à l'auberge, chez Cuissard.

La femme l'avait pris pour un commis voyageur dans les limousines et les rouenneries.

Le mari, au contraire, avait soutenu qu'il voyageait pour les liquides, et, ce qui parut donner raison à son opinion, ce fut le soin avec lequel il s'enquit du nom et de la demeure des principaux habitants.

Sa première visite avait été pour moi, paraît-il, et je ne lui avais laissé que peu d'illusions. Un camarade d'école, instituteur à six lieues plus loin, lui avait fait promettre d'aller le voir.

Ce fut ce petit voyage qui mit un espace de quatre ou cinq jours entre son arrivée et son installation.

Quand il revint, Cuissard lui dit :

— Eh bien, avez-vous fait de bonnes affaires? emportez-vous bien des commandes?

Il se mit à sourire et répondit :

— Je ne suis pas dans le commerce, et je ne dois pas vous le cacher plus longtemps, je suis au terme de mon voyage.

— Comment, vous restez ici? Seriez-vous quelque cousin à M. Lambert, le fermier du bois d'Alonne? ou bien le père à maître Branchu, qui est parti depuis si longtemps que personne ne le reconnaîtrait plus?

— Non, répondit M. Simonin, je suis votre nouveau maître d'école.

Cuissard fit un haut le corps subit et lui dit d'un ton dédaigneux :

— Mais vous ne savez donc pas la délibération du conseil?

— Non.

— Ils ont décidé, voilà deux jours, dimanche après vêpres, qu'ils n'auraient pas de magister. Faut vous en aller, mon garçon.

M. Simonin se mit à rire et demanda si le maire était chez lui.

On lui indiqua la propriété de ce haut fonctionnaire, et il s'y rendit.

Le maire de Saint-Donat est un homme riche, très-aimable, assez instruit, un peu indolent, un peu inexact, prenant toujours conseil de sa femme et craignant les querelles avant toute chose.

Il reçut M. Simonin avec une exquise politesse, se fit décliner les noms et la qualité de son visiteur, et lui dit avec un certain embarras :

— Mon cher monsieur, c'était hier la Toussaint, et d'ordinaire je ne suis plus à la campagne à cette époque de l'année. C'est maître Jacques, mon adjoint, qui prend la direction des affaires. Je ne vous cacherai donc pas que c'est à lui que, régulièrement, vous devriez vous adresser. Cependant, il pourrait se faire que ma femme.... que je n'ai pu consulter, puisque je ne m'attendais pas à votre visite.... il pourrait se faire que ma femme... c'est que, ajouta-t-il timidement, je crois qu'elle est très-occupée aujourd'hui.... vous comprenez.... à la veille d'un départ, on met les armoires en ordre.... on dépend les rideaux, on fait quelques provisions pour la ville.

— Je comprends tout cela, dit en souriant M. Simonin ; cependant, monsieur le maire, tant que vous êtes sur votre commune, c'est à vous que je dois m'adresser.

— Oui... oui... certainement. Eh bien, restez-nous à dîner.... Nous aviserons, ma femme et moi...

M. Simonin eut le bonheur de plaire à la femme du maire.

C'était une grasse personne qui aimait à utiliser, le moins chèrement possible, tout ce qui l'entourait.

M. Simonin avoua qu'il savait arpenter et laissa percer assez de connaissances pour que la mairesse, qui n'avait jamais beaucoup aimé défunt M. Chenu, comprit qu'elle pourrait peut-être tirer un bon parti de ce jeune homme instruit et modeste.

L'hiver, au besoin il donnerait un coup d'œil aux fermes et aurait avec elle-même une petite correspondance qui la tiendrait au courant des affaires de la commune.

— Mon ami, dit la mairesse à l'oreille de son mari, il faut vous montrer et ne pas subir plus longtemps l'influence de tous ces paysans à qui vous laissez gouverner la pluie et le beau temps.

— Eh bien, que faut-il faire? demanda le timide et obéissant mari.

— Je vous le dirai.

Après le dîner, Mme la mairesse jeta un

châle tartan sur ses épaules et prit sans façon le bras de M. Simonin.

— Nous allons au bourg, dit-elle, installer monsieur.

Cuissard et sa femme avaient jasé. En une heure, la nouvelle s'était répandue dans tout Saint-Donat, depuis le bourg jusqu'aux fermes les plus éloignées.

Bien qu'il fît nuit, le bourg était en rumeur, et il y avait devant la forge un attroupement assez hostile, au milieu duquel Mathieu-Dominique, qui était à la fois du conseil et de la fabrique, pérorait avec animation, et proposait comme moyen de conciliation le plus doux, de reconduire le maître d'école à coups de pierres jusque sur les limites du territoire de la commune.

Mais, tout à coup Mathieu-Dominique s'arrêta bouche béante.

Mme la mairesse, donnant le bras à M. Simonin, venait d'entrer dans le cercle de lumière rougeâtre projeté par la forge dont le soufflet allait son train.

Et Mme la mairesse, ô stupeur! donnait le bras à M. Simonin.

Or, ce qu'on redoutait à Saint-Donat, plus que la picote qui décime les troupeaux, que le farcin qui fait périr les chevaux, plus que la fièvre de marais qui s'attaque à l'homme et lui interdit tout travail, c'était la femme du maire. Et la femme du maire semblait avoir pris M. Simonin sous sa protection.

CHAPITRE III

Le maire de Saint-Donat, bourgeois fort riche de la ville voisine, se nommait M. Taconey.

Mme Taconey n'était pas adorée à Saint-Donat.

Apre au monde, comme on dit, elle donnait rarement aux pauvres, payait son banc à l'église douze francs tout secs et se montrait peu indulgente pour le fermier en retard. On ne l'aimait donc pas à Saint-Donat; mais on la craignait.

Cette malencontreuse protection qu'elle paraissait accorder au maître d'école, loin de servir celui-ci, devait lui être fatale.

Pendant les huit jours qu'elle passa encore à Saint-Donat, on le laissa tranquille; mais le lendemain du départ de Mme la mairesse, les hostilités commencèrent.

Ce fut la femme de défunt ce pauvre M. Chenu qui ouvrit le feu. Elle avait bien consenti à laisser entrer M. Simonin dans la maison d'école; mais sous prétexte qu'elle ne savait où se loger avant la croix de janvier, qu'elle n'avait pu s'attendre à son malheur, et, par conséquent, chercher une maison, elle ne déménagea pas.

D'ailleurs elle avait ses récoltes dans l'école. La salle destinée aux écoliers était encombrée de luzerne, et lorsque M. Simonin lui en fit l'observation, elle lui dit :

— Quand vous aurez des écoliers, on verra à vous débarrasser.

En effet, M. Simonin attendit huit jours et les écoliers ne vinrent pas.

Il s'était contenté d'une petite chambrette dans la maison où il avait installé ses livres et son modeste bagage.

Pour y arriver, il lui fallait traverser le rez-de-chaussée où Mme Chenu habitait.

A chaque fois elle lui fermait la porte au nez avec colère.

M. Simonin passait en souriant.

Le père Chenu avait laissé deux enfants :

une fille déjà grande et qui était en service dans un château du voisinage, et un fils de quinze ou seize ans qui était le plus mauvais garnement du pays.

Un enfant d'une ferme perdue en forêt osa se présenter un matin. Il avait un écu d'une main, un petit panier de l'autre, et portait bravement sur sa tête une lourde bourrée de bois, destinée au poêle du maître.

M. Simonin le reçut avec joie, lui mit un alphabet sous les yeux, et, lui ayant donné sa première leçon, il lui fit partager son modeste déjeuner.

L'enfant s'en alla ravi et avoua ingénument que jamais M. Chenu ne s'était donné autant de peine pour lui.

Le lendemain, M. Simonin attendit son unique écolier, mais en vain.

Le soir, comme il allait se mettre au lit, il entendit Grégoire Chenu qui riait à gorge déployée sur le pas de la porte, au milieu de cinq ou six vauriens du pays.

Grégoire disait :

— Je suis allé l'attendre, hier soir, au bois de la Poterie, et je lui ai flanqué une jolie raclée.

« Ah ! tu viens à l'école, lui ai-je dit, et tu

veux faire pleurer maman à qui ça crève le cœur rien que de penser qu'un autre tient la place de papa! »

Quand je l'ai eu sous moi, mon genou sur sa poitrine, je lui ai donné tant de coups de poing à travers la figure, qu'il m'a bien promis de ne pas revenir.

Et les garnements qui entouraient Grégoire Chenu se mirent à rire.

Comme il était neuf heures du soir et que la nuit était épaisse, aucun d'eux ne vit M. Simonin penché à la croisée et les écoutant.

Un homme s'approcha du groupe; c'était le père Jacques, le tonnelier adjoint au maire.

Le père Jacques se fit répéter le récit de Grégoire Chenu.

— Mon cher garçon, dit-il, tout ce que tu as fait là ou rien, c'est la même chose, attendu que nous avons un maître d'école, et que tant qu'il sera ici il faudra le payer.

— Oui, dit Grégoire Chenu, mais il n'y restera pas, allez !

— Et pourquoi donc ça ?

— Parce que je rosserai tous ceux qui viendront à l'école.

— Oui, oui, fit le père Jacques, jusqu'à ce que tu sois rossé à ton tour.

— Vous croyez ça, vous ?

— Pardine ! dit le tonnelier, une belle affaire d'avoir battu ce petit Vattair, un enfant de dix ans. Si tu avais eu affaire à son père...

— Oh ! celui-là, je ne le crains pas ! dit Grégoire Chenu.

— Oui, fit un des vauriens, parce qu'il a reçu un coup de pied de vache et qu'il est quasiment comme mort dans son lit depuis la Toussaint.

— Mais, reprit le père Jacques, méfie-toi du père Vattair, c'est un brutal ; s'il sait que tu as battu son fils... il te rompra les os.

Et le père Jacques s'éloigna.

M. Simonin ferma sa fenêtre et se mit au lit. Le lendemain, un peu avant le jour, il sortit sans bruit de la maison d'école.

Le village était silencieux encore. Une seule maison était éclairée.

C'était celle de maître Branchu, dont la forge projetait au loin sur la route et sur le pont qui traverse le canal sa lueur rougeâtre.

Branchu, qui était, pour ainsi dire, le seul homme instruit de la commune, en était aussi le plus brave homme.

Il avait fait un congé dans la cavalerie, et il

était revenu du régiment avec des idées moins étroites, plus généreuses que celles de la plupart des paysans.

M. Simonin entra sans façon dans la forge et lui souhaita le bonjour.

— Mon pauvre monsieur, lui dit Branchu, vous vous levez bien matin pour un homme qui n'a pas de besogne.

— J'en cherche, répondit M. Simonin en souriant. Mais, dites-moi, qu'est-ce que le père Vattair?

— C'est un des métayers à M. Raynouard.

— Et qu'est-ce que M. Raynouard?

— C'est un vieux grigou, répondit naïvement Branchu, qui a chassé son fils après l'avoir élevé comme un monsieur, et qui ne veut pas que sa fille fréquente personne, tellement bien que nous l'avons appelée la femme sauvage.

— Mais c'est donc un monstre cette fille-là? demanda naïvement M. Simonin.

— Mais, point du tout! dit Branchu; elle est même avenante et jolie que ça fait battre le cœur; mais elle a tant peur de son père qu'elle se sauve quand elle voit du monde.

— Mais alors, son père est fou?

— Non, il est avare. Après ça, dit le forgeron, c'est bien à peu près la même chose.

Et, comme M. Simonin s'était assis sur l'enclume et paraissait disposé à l'écouter, Branchu continua :

— Les riches de ce pays-ci sont bien serrés, pourtant; ils ne sont *curieux* de nourrir ni les gens, ni les bêtes; mais notre maire qui ne donne pas d'avoine à sa jument, sa femme qui veut que ses trois servantes soupent avec un œuf, et le père Jacques qui dit qu'un os de porc doit faire la soupe pendant quinze jours, sont des gens prodigues, des *mange-tout* auprès de M. Raynouard.

Quand il rentre chez lui, le soir, par la grand'route, il regarde si on ne le voit pas, et il ramasse les bouts de bois mort qui sont tombés des arbres du Gouvernement.

— Mais il n'a donc pas de bois pour se chauffer?

— Il possède un peu plus de douze cents arpents de forêt.

— Mais alors il doit se laisser mourir de faim?

— A peu près. Le boucher ne va pas souvent à la Rousselière.

— Qu'est-ce donc que la Rousselière?

— C'est son château, un vrai château, ma foi, qui est au bord de la forêt, là-bas, à une demi-lieue, de l'autre côté du canal. Mais, continua le forgeron, il n'a pas toujours été comme ça, M. Raynouard. Il n'était pas du pays. Quand il y est venu et qu'il s'y est marié, c'était un bon compagnon et pas fier. Il entrait au cabaret comme chez lui, et il a fait alors bien souvent un cent de piquet avec défunt mon frère.

Mais, voyez-vous, mon cher monsieur, l'air de ce pays-ci, ça serre le cœur et la bourse; et la femme de M. Raynouard, la fille du père Noël, eut bientôt mis son mari au pas.

— Elle est donc bien avare?

— Elle ne l'est plus, car elle est morte et faut croire que dans l'autre monde on n'a pas besoin d'argent. Ça fait que les gens doivent être meilleurs.

Et puis, poursuivit Branchu, c'est le fils qui a tout gâté.

— Comment cela?

— On l'a mis au collége, et puis il a fait son droit. En faisant son droit, il a fait des dettes...

— Et le père les a payées?

— Jamais! dit Branchu. Seulement, comme on envoyait à son fils du papier timbré, il l'a mis à la porte ; et le fils s'est en allé crever de faim à Paris.

— Mais... sa fille ? demanda encore M. Simonin.

— Celle-là il la tient enfermée pour qu'elle n'ait jamais envie de se marier.

— Ah !

— Faudrait lui donner une dot, et il n'aime pas ça, le papa. Sortir trois écus de sa poche ? ah bien oui ! Quand ses chiens de chasse sont vieux, il les tue. Un jour, nous l'avons entendu qui disait : Si ma fille ne mangeait pas, je l'aimerais une fois de plus.

— Mais alors, dit M. Simonin, Mlle Raynouard doit être avare comme son père ?

— Elle ! la chère demoiselle... fit Branchu, ah ! pour ça non ; si elle avait... elle donnerait tout... mais le père est si serré !

M. Simonin se contenta, pour ce jour-là, de ces laconiques renseignements, et il quitta la forge après s'être fait indiquer le chemin à suivre pour aller à la métairie du père Vattair.

Le jour commençait à poindre ; une forte gelée blanche couvrait les prés.

En sortant du village, M. Simonin s'arrêta

pour se bien rendre compte des indications de Branchu.

Il avait devant lui le canal; au delà la forêt, au bord de laquelle rampait un léger brouillard.

A gauche, sur la lisière, une ferme montrait son toit mélangé de chaume et de tuiles rouges.

A droite, se dressaient les tourelles grises couvertes d'ardoises d'un petit château qui remontait peut-être à deux siècles, qu'un riche paysan, le père Noël, avait acheté pendant la Révolution, et que son gendre, M. Raynouard, habitait avec sa fille.

Chose bizarre! M. Simonin, qui s'était promis d'aller à la métairie du père Vattair y prendre des nouvelles de son écolier, fut dominé par une âpre curiosité, et il s'engagea dans le sentier qui, à travers champs, conduisait au château de la Rousselière.

CHAPITRE IV

M. Simonin était parti de Saint-Donat comme le jour commençait à poindre.

La plaine était triste, l'horizon désert. Il y avait sur cette nature du mois de novembre comme un crêpe de deuil, et un je ne sais quoi qui faisait rêver de ces temps barbares où les ténèbres couvraient le monde.

Tout à coup l'orient pâle se teignit d'un reflet orange; puis le reflet orange s'empourpra; puis encore un rayon lumineux frangea ce reflet, et le soleil apparut au-dessus des nuages blancs.

Alors la plaine perdit sa tristesse; des paillettes étincelantes se dégagèrent par milliers de cette gelée blanche qui couvrait la terre; la forêt qui bornait l'horizon se couronna d'une auréole de lumière, et M. Simonin, tout pensif, se dit :

— La nature, avant le soleil, c'est le monde plongé dans l'obscurité de l'ignorance, et un jour viendra où la grande et suprême force des hommes ne sera plus la force brutale, la balle qui tue, le boulet qui ravage, le feu qui détruit ; mais la science qui guide, la parole qui conseille, la sagesse qui éclaire. Humble soldat dans cette armée nouvelle qu'on appelle la légion du progrès, je choisis cette terre pour mon modeste champ de bataille.

J'apprendrai à ces hommes, qui n'ont jamais aimé que la terre et l'argent, l'amour de leurs semblables. Je payerai de ma personne, comme le capitaine qui s'engage au plus fort de la mêlée, et mon ennemi unique, celui contre lequel je concentrerai tous mes efforts, sera l'ignorance avec son cortége de préjugés.

En rêvant ainsi, le jeune maître d'école arriva à la lisière de la forêt et, à son grand étonnement, il aperçut, sous bois, une demi-douzaine de paysans groupés autour d'un chêne et parlant avec animation.

M. Simonin s'approcha.

Un spectacle étrange s'offrit alors à ses regards.

Les hommes qu'il avait aperçus étaient des bûcherons, et le chêne qu'ils entouraient supportait le corps d'un homme que tous considéraient avec un effroi mêlé d'imprécations, d'étonnement et de menaces confuses.

Au milieu d'eux, il y avait un autre homme qui pleurait et se tordait les mains, poussant des gémissements inarticulés.

— Ah! mon fils!... mon pauvre fils!... disait-il, j'ai été trop dur... oh! bien trop dur!...

Et il levait vers le pendu des regards lamentables.

L'homme qui pleurait était vêtu comme un de ces bourgeois qui passent l'année à la campagne, c'est-à-dire qu'il avait une redingote noire sous son bourgeron bleu.

Le pendu, que le vent du matin faisait osciller à dix pieds en l'air, avait pareillement les habits d'un monsieur. M. Simonin embrassa tout cela d'un coup d'œil et devina tout.

L'homme qui pleurait, c'était M. Raynouard, le propriétaire du château de la Rousselière. Le pendu, c'était son fils, ce fils banni, ce fils chassé, et qui s'en était revenu sans doute, abruti de misère, frapper au seuil paternel qui ne s'était point rouvert devant lui, et le malheureux alors, dans un accès de désespoir suprême, s'était réfugié dans la mort.

Des bûcherons avaient, en pénétrant dans la forêt, découvert le pauvre garçon, et ils étaient allés chercher le père ; mais ni les bûcherons, ni le père qui s'attendrissait trop tard, n'avaient osé dépendre le corps.

Le préjugé qui veut qu'on ne touche à un pendu que lorsque la justice arrive est encore dans toute sa force en province.

M. Simonin ne perdit pas une seconde à parlementer, il embrassa de ses mains et de ses genoux le tronc noueux du chêne et se mit à grimper comme un écureuil jusqu'à la branche où était fixée la corde, et, à la stupéfaction générale, avec le couteau qu'il tira de sa poche, il trancha cette corde d'un seul coup.

Le pendu tomba tourdement à terre.

— Ah ! malheureux ! lui cria-t-on, qu'avez-vous donc fait ? Vous irez certainement en prison.

M. Simonin ne répondit pas ; il dégagea le col du pendu, ouvrit ses vêtements, posa sa main sur le cœur et s'écria :

— Cet homme n'est pas mort !

La scène qui eut lieu alors fut assez étrange ;

les bûcherons s'étaient écartés avec un redoublement de frayeur; M. Raynouard lui-même, qui avait répondu au cri du maître d'école par un autre cri de joie, fut pris d'une sorte de tremblement nerveux et d'une fièvre subite qui se traduisit par un éclat de rire.

En même temps, on vit accourir éperdue une jeune fille qui criait :

— Mon frère ! mon frère ! mon pauvre frère !..

M. Simonin lui dit:

— Votre frère n'est pas mort... mais il faut vite l'emporter d'ici... le froid le tuerait...

Et il regardait tour à tour les bûcherons, et leur dit enfin, voyant qu'aucun d'eux ne bougeait :

— Mais aidez-moi donc!

— Ah! mon bon monsieur, répondit l'un d'eux, j'ai quatre enfants que j'ai bien du mal à nourrir. Si je vous aide à transporter le pendu, on dira que je vous ai aidé à le dépendre, et j'irai en prison avec vous, et mes enfants mourront de faim!...

M. Simonin chargea le corps sur ses épaules et ne répondit pas.

Puis il prit sa course, malgré ce lourd fardeau, dans la direction de la Rousselière, suivi de la jeune fille qui se lamentait, et du père qui semblait frappé d'idiotisme.

Tout le personnel de la Rousselière était sur pied, les bûcherons avaient suivi à distance.

Les uns disaient que le pendu était bien mort, les autres soutenaient que le nouveau maître d'école venait de se mettre sur les bras une méchante affaire.

Le pendu, qui ne donnait, du reste, aucun signe de vie, fut mis dans un lit bien chaud.

Un valet partit à cheval pour aller chercher un médecin au bourg le plus voisin.

Mais M. Simonin n'attendit point son retour pour employer les remèdes extrêmes dont on use en pareil cas.

Il humecta les lèvres, le nez et les tempes du pendu avec du vinaigre ; il lui fit faire sur la poitrine de robustes frictions ; on délaya de la farine de moutarde, un des produits agricoles du pays, dans de l'eau bouillante, et on appliqua des sinapismes aux pieds et aux mains. Enfin, au bout d'une heure, les symptômes de l'asphyxie disparurent et le pendu se prit à soupirer.

Une heure plus tard, quand le médecin arriva, il avait les yeux ouverts. De semblables résurrections, bien qu'il y en ait de nombreux exemples, sont cependant encore assez rares pour qu'un médecin de campagne qu'on appelle pour venir rendre la vie à un pendu, n'ait que peu de foi dans sa propre science. Celui-là était venu avec la conviction qu'il aurait à constater un décès, et il s'était fait suivre du brigadier de gendarmerie et du juge de paix.

Le bourg où l'on était allé le chercher est chef-lieu de canton.

— Ah! dirent les bûcherons qui s'étaient attroupés dans la cour, voilà les gendarmes... pour sûr, ils vont emmener le maître d'école.

En voyant son fils revenir à la vie, l'avare avait peu à peu retrouvé ses esprits.

La jeune fille avait été, malgré sa douleur, sublime de sang-froid et de dévouement, et elle avait puissamment servi M. Simonin.

Tous deux, quand le juge de paix, le médecin et le brigadier entrèrent, serraient les mains du maître d'école avec effusion.

Mais un valet de la ferme avait précédé les nouveaux venus et il était entré précipitamment dans la chambre en criant à M. Simonin :

— Sauvez-vous, monsieur! sauvez-vous... voici les gendarmes !

M. Simonin se prit à sourire et répondit :

— La loi qui punit ceux qui attentent à la

vie de leurs semblables ne saurait atteindre celui qui cherche à la leur conserver.

Le médecin assura que le pendu était bel et bien hors de danger, mais que dix minutes plus tard on l'aurait trouvé mort.

Enfin, le juge de paix fit monter les bûcherons et tous les gens de la Rousselière, et quand ils furent réunis, il complimenta chaleureusement M. Simonin, et leur fit comprendre que loin d'avoir commis un délit, le maître d'école avait obéi aux lois sacrées de l'humanité.

— Mais qui donc êtes-vous ? s'écria l'avare qui lui prit de nouveau les mains.

— Monsieur, répondit M. Simonin, je suis votre nouvel instituteur.

A ces mots M. Raynouard fit un bond sur sa chaise ; il repoussa M. Simonin et lui cria :

— Arrière alors ! car c'est vous autres, avec votre science, qui avez fait le malheur de mon enfant !

Heureusement, M. Simonin rencontra le calme et joli visage de la jeune fille qui lui souriait, et il répondit avec douceur :

— Vous voyez cependant bien, monsieur, que la science dont vous vous plaignez est bonne à quelque chose, car si j'avais été aussi ignorant que les hommes qui vous entouraient ce matin, votre fils serait mort...

L'avare soupira, puis il eut un mot sublime :

— On aurait bien pu, dit-il, ne pas aller chercher un médecin, alors. Maintenant qu'il est venu, il faudra lui payer sa visite.

CHAPITRE V

Le lendemain matin, M. Simonin venait de se lever, d'allumer son poêle et de poser dessus une petite jatte de lait destinée à son modeste repas, lorsqu'on frappa à sa porte.

Il alla ouvrir et se trouva face à face avec un paysan qui conduisait deux enfants par la main.

— Notre nouveau maître, lui dit-il, je suis membre du conseil, et pour vous dire la vraie vérité, c'est moi qui me suis opposé le plus à ce qu'on vous prît; mais enfin, ce qui est fait est fait, et je pense bien que vous me pardonnerez.

— Comment vous nommez-vous? demanda M. Simonin en souriant.

— Mathieu-Dominique, mon cher monsieur. A vous parler franc, voyez-vous, je ne croyais pas jusqu'à ce jour qu'un magister ça soit bon à grand'chose, et je m'étais toujours laissé dire qu'un homme qui ne travaille pas la terre est un fainéant. Mais je vois bien que je me suis trompé, puisque vous êtes un homme savant et plus malin qu'un rebouteux, mêmement que vous avez sauvé le fils à M. Raynouard, et un brave homme par-dessus le marché, puisque vous n'avez rien demandé pour votre peine.

Aussi, faut bien alors que ça serve à quelque chose, l'instruction. Je vous amène mes deux garçons. Gardez-les donc tout l'hiver, et apprenez-leur ce que vous savez, s'il y a moyen.

Mathieu-Dominique paya un double mois d'avance et s'en alla, laissant ses deux fils à M. Simonin.

Le jour suivant, le jeune instituteur vit arriver deux autres écoliers. Au bout de la semaine, il en eut une douzaine.

Grégoire Chenu avait essayé de battre les deux premiers. Mais M. Simonin le prit au collet et lui dit avec le plus grand calme :

— Si vous touchez à un de ces enfants, je

vous dénoncerai aux gendarmes, qui vous conduiront en prison.

Grégoire était lâche, il se tint tranquille ; mais sa haine pour le maître d'école augmenta.

Elle se traduisit, pendant plusieurs semaines, par mille et une petites vexations auxquelles M. Simonin parut ne pas prendre garde. Le soir, il fermait la porte si l'instituteur était sorti, et celui-ci était obligé de frapper longtemps avant qu'on vînt lui ouvrir. Dans la journée, il chantait à tue-tête pour troubler les leçons. Le matin, bien avant le jour, il imitait le cri des chouettes et des chats-huants pour éveiller M. Simonin.

La patience et la longanimité de M. Simonin devaient, à la longue, être couronnées de succès.

Il était bon pour ses écoliers, sans toutefois être faible. En moins d'un mois il fut adoré d'eux, et, le soir, rentrés chez eux, ces enfants faisaient à leur famille l'éloge de leur maître d'école. Peu à peu, l'ostracisme dont on avait frappé M. Simonin perdit de sa rigueur ; plusieurs membres du conseil suivirent l'exemple de Mathieu-Dominique et envoyèrent leurs enfants à l'école.

Il est vrai que l'hiver était rigoureux et que la neige, qui mit deux mois à fondre, empêchait les travaux des champs. Un matin, c'était précisément le jour de l'an, une pauvre femme, vêtue de noir, se présenta à la maison d'école. On la nommait Joséphine Salomon, et elle était veuve d'un laboureur qui avait été tué par la foudre, sous un arbre où il s'était réfugié.

— Mon bon monsieur, lui dit-elle en ouvrant un petit panier dans lequel il y avait deux douzaines d'œufs et deux pains de beurre, vous avez admis mon enfant dans votre classe, et jusqu'à présent je ne vous ai point payé. Que voulez-vous, avec trois enfants, que puisse faire une pauvre veuve? Je vous apporte tout ce que j'ai. Mais si vous voulez continuer à instruire mon fils, je viendrai faire votre ménage et je rapetasserai vos nippes.

M. Simonin prit le panier pour aller le vider; puis il le rendit à la veuve, sans lui dire qu'il avait mis une pièce de cent sous dedans.

Puis, comme ignorante elle le portait à son bras, il lui dit encore :

— Si vous connaissez des enfants trop pauvres pour payer leurs mois d'école, envoyez-les-moi ; ça ne fait rien. Les gens qui savent tiennent un peu leur savoir de Dieu. Dieu payera pour ceux qui ne peuvent payer eux-mêmes.

Quand on sut cela dans la commune, le nombre des écoliers fut bientôt doublé.

M. Simonin avait quelques économies ; il était sobre et vivait presque de rien. Il s'arrangea de façon à se suffire avec sa petite subvention.

A tout prix, il voulait gagner cette population avare, soupçonneuse et mal conseillée.

Cependant il y avait un homme qui tenait bon contre M. Simonin : c'était maître Jacques, le tonnelier, adjoint au maire.

Un événement des plus tragiques devait le ramener. Il se commit un crime à Saint-Donat. Un cordonnier du pays, le jour de l'Epiphanie, qu'on appelle vulgairement le jour des rois, tua sa femme.

Les deux époux vivaient en assez mauvaise intelligence; le mari buvait, la femme avait une mauvaise conduite. Cette nuit-là, après avoir passé une partie de la nuit au cabaret, Jean Malot, c'était son nom, rentra chez lui en état d'ivresse, s'arma d'un tranchet et se mit à hacher la malheureuse. A ses cris, on accourut; mais le mari s'était barricadé, il se montra à sa fenêtre armé d'un fusil à deux coups et menaça de tuer quiconque essayerait de pénétrer chez lui. Les gens de Saint-Donat ne sont pas braves ; ils s'éloignèrent. Le garde champêtre courut éveiller maître Jacques ; maître Jacques se fit prier pour sortir de son lit.

Un seul homme eût été plus hardi peut-être ; c'était Branchu le maréchal ; mais Branchu était absent. M. Simonin, éveillé en sursaut, se leva, essuya les deux coups de feu du cordonnier qui tira sur lui et le manqua, escalada une fenêtre et pénétra dans la maison. La malheureuse femme criait toujours.

L'assassin tourna sa fureur contre M. Simonin, et le frappa de son tranchet. Le maître d'école reçut deux blessures, l'une au bras, l'autre à la cuisse ; mais comme il était d'une force herculéenne, il parvint à renverser le cordonnier sous lui et à le désarmer.

Alors seulement maître Jacques et le garde champêtre arrivèrent. Quand on se fut rendu maître du cordonnier, et qu'on l'eut solidement attaché, M. Simonin courut à la femme qui gisait étendue dans une mare de sang. Elle respirait encore, mais tous les soins qui lui furent prodigués, sous la direction du jeune maître d'école qui avait une teinture de chirurgie, furent impuissants ; elle expira vers six heures du matin, au moment où la gendarmerie arrivait pour s'emparer du meurtrier.

Le courage qu'avait montré M. Simonin lui gagna le père Jacques, d'autant mieux que M. Simonin, interrogé par les gendarmes, se donna indirectement le dernier rôle, et mit en évidence l'adjoint au maire qui n'avait pas, dit-il, hésité à payer de sa personne.

Ceux qui boudaient encore se rallièrent ; une seule famille, celle du maître d'école défunt, la veuve Chenu et son fils, demeura sous sa tente.

La croix de janvier arriva ; c'était l'époque où la veuve Chenu devait quitter la maison d'école.

Mais la veille de ce terme fatal, la veuve ne fit aucun préparatif, et le fils Chenu dit tout haut, en plein cabaret, chez Cuissard, que ni lui ni sa mère ne déménageraient.

Cependant la veuve Chenu avait loué une maison, ou plutôt deux chambres établies dans un vaste bâtiment, situé au bout du pays et qui appartenait au maire, M. Taconey.

Ce bâtiment qui était à la fois une remise d'instruments aratoires et de charrettes au rez-de-chaussée, et un grenier à fourrages dans les combles, avait été approprié, grâce aux soins de Mme Taconey qui ne voulait perdre ni un sou de revenu, ni un pouce de terre, ni un mètre cube d'espace, pour le logement d'une famille, et loué à la veuve Chenu pour la somme annuelle de soixante francs par an.

L'avant-veille, Mme Chenu était allée voir son nouveau logis et elle était revenue en pleurant, et disant que jamais elle ne pourrait s'y accoutumer.

La voyant pleurer, son fils lui dit :

— Sois tranquille, nous n'irons pas.

En effet, le quatorze au soir, comme neuf heures sonnaient à l'horloge du clocher, Grégoire Chenu sortit furtivement de la maison d'école et se dirigea vers le bâtiment de M. Taconey, sans s'apercevoir qu'un homme le suivait de loin.

La nuit était noire et une bise glacée courbait les arbres chargés de givre.

Grégoire Chenu se glissa dans la cour ; puis, de la cour pénétra dans la remise et gagna une échelle de meunier qui montait au grenier à fourrages.

Là, le petit malheureux tira des allumettes

de sa poche, les enflamma et les plaça sous une botte de paille.

Mais en ce moment un homme s'élança sur lui, s'empara de la botte qui commençait à s'enflammer, la prit courageusement dans ses bras et la lança hors du grenier par la large ouverture que possèdent toutes les granges et par lesquelles on fait entrer le fourrage.

Par un hasard providentiel, la botte à laquelle le petit incendiaire avait mis le feu n'avait pas eu le temps de toucher aux autres, car le grenier était plein.

En même temps, deux mains robustes saisirent Grégoire Chenu à la gorge, et une voix qu'il reconnut pour être celle de M. Simonin lui dit :

— Maintenant, prends bien garde! Si tu cries, tu es un homme perdu, tu iras au bagne.

Et il le chargea sur son épaule et l'emporta hors du grenier, ne s'arrêtant que dans la cour, où il se mit à piétiner pour éteindre la botte de paille qui brûlait.

Grégoire Chenu était lâche, il demanda grâce.

— Misérable, lui dit M. Simonin, tu ne connais donc pas les lois? Et comment ton père ne t'a-t-il pas appris que les incendiaires peuvent être condamnés à mort!

M. Simonin fit sortir Grégoire Chenu de la cour et ajouta :

— Je suis un honnête homme et je ne veux pas priver ta mère de son enfant ; je ne te dénoncerai pas, mais si tu recommences, je serai sans pitié.

M. Simonin tint sa promesse, nul ne sut que Grégoire Chenu avait voulu mettre le feu à la maison qu'il devait habiter, et la veuve Chenu déménagea.

Mais Grégoire Chenu était une de ces natures perverses qui reviennent difficilement au bien ; et M. Simonin s'aperçut bientôt que ce n'était que partie remise.

CHAPITRE VI

L'hiver passa, le printemps vint; quelques écoliers s'en allèrent, le plus grand nombre resta.

M. Simonin avait annoncé, dès le commencement de mars, qu'il donnerait des leçons de *taille des arbres* à tous ceux qui voudraient passer un mois de plus chez lui.

Le paysan, surtout celui du centre de la France, est généralement avide, mais il sait très-bien démêler ses intérêts; et les gens de Saint-Donat qui avaient des arbres fruitiers firent ce calcul fort simple que si on apprenait à leurs enfants à tailler les arbres, ce qu'ils auraient d'instruction en dehors pendant ce mois-là passerait par-dessus le marché.

M. Simonin souriait en entendant les paysans lui dire cela naïvement; et il ouvrit son cours d'arboriculture, le dimanche après la messe et le jeudi matin de chaque semaine.

Le jardin de la maison d'école était assez vaste. Maître Chenu, qui s'était cru immortel, avait tourmenté à plusieurs reprises le conseil municipal, et le jardin avait été successivement augmenté de quelques perches de terre.

Mais le défunt maître d'école avait toujours eu un profond dédain de ce qu'on appelle l'*agrément*, et lorsque M. Simonin prit possession de la maison d'école, il trouva le jardin dans un état déplorable, ne produisant que des légumes et quelques paniers de raisin.

Il y avait pourtant de vieux arbres fruitiers dévorés par les chenilles, chargés de branches parasites, et qui se mouraient un à un.

Le *sécateur* à la main, M. Simonin leur avait fait la toilette, les avait échenillés, avait greffé les moins vieux.

Quand le printemps arriva, entre le jardin du père Chenu et celui de M. Simonin il y eut un monde tout entier de différence.

Ce dernier avait arraché les pommes de terre dont il n'avait que faire, tracé et sablé des allées qu'il avait bordées de buis, créé une jolie pelouse devant la salle d'école et amené un filet d'eau qu'on lui avait permis de prendre au canal, dans un bassin rustique dont il avait été à la fois le maçon et l'architecte.

Un dimanche matin, le maître d'école du village voisin lui vint faire visite.

Non point, comme on pourrait le croire, une visite amicale, mais une sorte de scène.

C'était un vieux maître d'école, de l'âge de défunt M. Chenu, qui avait à peu près la même existence. Il était marié, cultivateur, arpenteur, homme d'affaires, et passé la fin de mars, il fermait sa classe pour se livrer lui-même aux travaux des champs.

De plus, c'était un homme qui avait de grandes prétentions scientifiques, parlait latin à tort et à travers, portait lunettes en classe et son chapeau incliné sur le derrière de la tête.

Il entra chez M. Simonin, qui avait pris la veuve Salomon pour lui tenir sa maison, comme un général entrerait dans un pays conquis, et comme la veuve Salomon lui dit que M. Simonin était dans le jardin, il y alla.

Le jeune maître d'école était entouré de ses élèves et greffait un abricotier en leur présence.

Le vieux magister, qui se nommait maître Pingout, s'arrêta au seuil du jardin, un peu surpris, puis il s'avança bravement vers M. Simonin et lui dit :

— Mon cher confrère, je regrette de ne point arriver vers vous avec des paroles de paix aux lèvres.

— A qui donc ai-je l'honneur de parler? demanda M. Simonin.

Un de ses élèves, qui avait respectueusement ôté sa casquette, répondit :

— C'est M. Pingout, le maître d'école du Tilleul.

— Monsieur, lui dit M. Pingout, qui se redressa fièrement et laissa glisser un peu ses lunettes sur le bout de son nez, je m'aperçois que j'ai affaire à un tout jeune homme, ignorant sans doute des usages universitaires.

— Monsieur, répondit M. Simonin avec modestie, je sors de l'Ecole normale.

M. Pingout haussa les épaules d'un air de pitié et répliqua :

— Peu m'importe d'où vous sortez! Mais ce que je ne veux pas, c'est que vous veniez ici prendre mes élèves.

— Monsieur, dit M. Simonin étonné, je ne sais vraiment pas ce que vous voulez me dire.

— Vous avez dans votre classe des élèves de ma commune.

— Cela est fort possible; mais j'accueille tous ceux qui se présentent.

— C'est un tort, c'est une iniquité, monsieur.

Et M. Pingout avisa un petit garçon de dix à onze ans qui, à sa vue, s'était caché derrière ses camarades.

Il fit un pas vers l'enfant tout tremblant et le prit par l'oreille :

— D'où es-tu, petit malheureux? lui dit-il.

— Du hameau de Bellegarde.

— Et de quel clocher dépend Bellegarde?

— Du Tilleul.

M. Pingout se tourna vers M. Simonin d'un air de triomphe :

— Vous voyez! dit-il.

Mais l'enfant, qui se rassurait peu à peu, en entendant la voix de son nouveau maître, dit naïvement :

— Vous n'avez pas voulu me garder, monsieur Pingout.

— Parce que tu étais un mauvais sujet.

— Oh! non, ce n'est pas cela, reprit l'enfant, c'est parce que nous sommes bien pauvres et qu'on vous devait deux mois d'école, même que vous m'avez gardé mes livres.

— Vous voyez, monsieur, dit M. Simonin avec calme, que cet enfant a bien le droit de venir chez moi, puisque vous l'avez renvoyé...

— Il ne vous payera pas plus que moi, dit le vieil instituteur avec humeur.

— Il ne me paye pas du tout, il est parmi mes élèves gratuits.

M. Pingout jeta un cri de stupeur et essaya de foudroyer M. Simonin du regard :

— Ah! vous gâtez le métier, vous! dit-il; ah! vous avez des élèves gratis!

— Oui, sans doute, monsieur; l'instruction doit être donnée aux plus pauvres comme aux plus riches.

M. Pingout n'y tint plus :

— Vous êtes un socialiste et un partageux! dit-il, et je me plaindrai à l'inspecteur quand il passera.

M. Simonin ne s'était pas dépourvu de son calme.

— Mon cher confrère, dit-il, j'ai un peu de bien de chez moi, je vis de peu. Il m'est permis, je le crois, de me rendre utile, dans la mesure de mes faibles moyens, et l'inspecteur des écoles, loin de me blâmer, me félicitera au contraire.

Tout en parlant, M. Simonin continuait à greffer son arbre.

M. Pingout le regardait faire en grommelant :

— En vérité, dit-il, savez-vous que tous ces enfants que vous retenez là auprès de vous pourraient être utiles à leurs parents? Si encore vous leur faisiez la classe.

— Mais c'est ce que je fais...

— Comment! c'est une classe, ça?

— Mais oui.

M. Pingout haussa les épaules :

— Et à quoi ça peut-il leur servir tout ça? dit-il. Est-ce que les arbres ne viennent pas tout seuls?

— Mon cher confrère, reprit M. Simonin, vous étiez lié, je crois, avec mon prédécesseur.

— Peuh! fit le magister, comme les médecins le sont entre eux. Nous nous faisions visite, voilà tout.

— Mais vous aviez vu son jardin?

— Certainement.

— Eh bien, voulez-vous le parcourir de nouveau? Peut-être trouverez-vous une légère différence.

— Voilà qui m'est bien égal.

M. Simonin était patient. Il prit M. Pingout par le bras et l'attira loin de ses élèves.

— Monsieur, lui dit-il, notre profession est une manière de sacerdoce, et précisément parce que nous sommes les tuteurs de l'enfance, nous nous devons à nous-mêmes une grande modération en toutes choses. Pensez-vous qu'il soit de la dignité de notre profession de descendre comme vous le faites à des discussions mercantiles et à une mesquine jalousie de métier? Non, n'est-ce pas?

Eh bien, au nom du corps enseignant dont nous faisons tous deux partie, je vous en supplie, vivons en bonne intelligence. Nous y gagnerons tous les deux.

La voix du jeune maître d'école avait quelque chose de sympathique et de séduisant qui charmait à la longue.

Le pédant en fut touché, et il tendit spontanément la main à son confrère :

— Vous avez raison, dit-il, et j'ai tort, moi, comme un vieux jaloux que je suis. Mais, dame! aussi, vous arrivez avec un tas de connaissances qui vont me faire du tort... Je ne sais pas tailler les arbres, je n'ai pas appris les nouvelles méthodes d'enseignement... Quand on saura que vous apprenez à lire en huit jours, personne ne viendra plus chez moi.

— Qu'à cela ne tienne! répondit M. Simonin en souriant, je vous aurai bientôt appris mes procédés.

— Comment! vrai? fit M. Pingout.

— Certainement. D'abord, voulez-vous déjeuner avec moi? un déjeuner d'instituteur, cher confrère.

— Mais... mais.., balbutia le vieux magister, je ne sais pas... si je dois...

— Et vous déjeunerez avec deux de mes élèves. Ce sont de pauvres enfants qui viennent du hameau de *Tresnoyes*, de l'autre côté de la forêt, et chaque dimanche ils partagent mon modeste repas. Ils ne savaient ni lire, ni écrire, il y a trois mois... vous verrez où ils en sont.

— Vous êtes un brave garçon, dit le vieux magister, vaincu par tant de simplicité, de franchise et de bonne grâce. J'accepte. Mais d'abord montrez-moi votre jardin.

— Volontiers, répondit M. Simonin en le prenant par le bras.

Les écoliers suivaient respectueusement à distance.

CHAPITRE VII

M. Simonin montra son jardin fort en détail.

Il avait étalé ses espaliers tout le long des murs, remplacé tous les vieux arbres et planté des ceps de vigne destinés à donner ce raisin rougeâtre aux pampres noirs qu'on appelle le *gamet*.

M. Pingout s'arrêta un peu surpris devant ces ceps de vigne. Il n'avait jamais vu de pampres semblables.

Et comme il demandait pourquoi M. Simonin avait remplacé les vieilles treilles par celles-là dont le feuillage était au moins bizarre, le jeune maître d'école lui répondit :

— Le gamet est une vigne commune et qui

donne un gros vin ; mais ce vin, très-chargé en alcool, peut être coupé avec les petits vins de la Loire qui sentent la pierre à fusil. En outre, l'*oïdium* n'attaque jamais le gamet, et ses souches résistent énergiquement à la gelée.

Nous avons ici peu de vignerons, mais enfin il y en a un certain nombre. Or, mon cher confrère, l'histoire du vigneron de Saint-Donat est celle des vignerons de tout pays. L'arpent de vigne rapporte vingt-cinq pour cent par les bonnes années, et rien du tout par les mauvaises. La statistique des pays de vignoble compte une bonne récolte sur sept. Donc le revenu n'est plus de vingt-cinq pour cent, ni de cinq, mais bien de trois et une fraction par annuité.

Eh bien, supposez que le vigneron remplace ses plants ordinaires par des plants de gamet, il récoltera un vin commun ; il le vendra à bas prix, mais il récoltera tous les ans.

M. Pingout interrompit le jeune maître d'école.

— Si ce que vous dites là est vrai, dit-il, et si ce raisin-là arrive à maturité et ne tourne pas, si mauvais qu'il soit, il y a intérêt à l'adopter.

— C'est ce que j'ai pensé, répondit M. Simonin ; et, comme on ne prêche jamais mieux qu'en prêchant d'exemple, j'ai voulu essayer du gamet dans mon jardin. Les gens de Saint-Donat verront par eux-mêmes la vérité de mes observations, et sans doute qu'ils finiront par m'imiter.

M. Simonin avait une fort belle collection de tulipes, des magnolias superbes et des rhododendrons presque gigantesques. Défunt M. Chenu n'avait pas même des violettes.

Tandis que les deux maîtres d'école visitaient, chaque chose, la mère Salomon dressait la table dans le jardin, sur la pelouse, entre le bassin et la salle d'école. Les élèves de M. Simonin se retirèrent discrètement, à l'exception des deux campagnards qu'il gardait à déjeuner le dimanche.

Le repas fut gai. M. Simonin était trop jeune pour n'être pas bon convive. M. Pingout, grâce à quelques verres de vin blanc, se trouva bientôt en belle humeur.

— Ah ça, mon chère confrère, dit-il, maintenant que nous voilà bons amis, donnez-moi donc quelques renseignements.

— A mon tour, je vous écoute, répondit M. Simonin.

— On m'a dit, mais peut-être m'a-t-on

trompé, que vous appreniez à lire en huit jours.

— En huit jours, non, mais en quinze.

— Comment faites-vous?

— Ah! répondit M. Simonin en souriant, ceci n'est pas encore classique, et si nous avions affaire à des chefs routiniers, je pourrais, jusqu'à un certain point, être réprimandé. Mais, tout au contraire, nos chefs nous disent : Allez! expérimentez! cherchez le vrai et le simple! et je cherche, et je vais! Or, voici ce que j'ai trouvé.

— Voyons, dit M. Pingout.

— J'étais à Paris, l'année dernière, et bien que me destinant à l'enseignement, je n'avais pas encore exercé; je vous l'ai dit, j'ai un tout petit revenu, qui me permet, au besoin, une distraction. Pendant mon séjour à Paris, une fois par semaine, je sacrifiais quarante sous et j'allais au parterre d'un théâtre quelconque, mais plus souvent à la Comédie-Française.

Un soir, on donnait *Maître Guérin*. L'auteur, M. Emile Augier, parlait, dans sa pièce, d'une nouvelle méthode pour apprendre à lire. Je crus d'abord à une fantaisie poétique, à une fiction mise en avant pour les agréments et les besoins de la cause; mais quel ne fut pas mon étonnement, lorsque j'appris un mois après que cette méthode existait réellement et que S. Exc. le ministre de l'instruction publique en avait autorisé l'expérimentation dans une école communale et dans plusieurs régiments !

L'un de ces régiments était à Paris; j'y connaissais un sous-officier qui en faisait partie. Je m'adressai à lui et j'obtins la permission d'assister aux expériences. Je vis là, sur les bancs, des soldats déjà vieux qui, un mois avant, ne savaient pas lire et avaient résisté à tous les efforts de l'école régimentaire. Ces soldats lisaient maintenant fort couramment.

— Mais qui donc a inventé cette méthode? demanda naïvement M. Pingout.

— Un savant, un homme de bien, M. de Laffore.

— Et où la trouve-t-on?

— J'en ai deux exemplaires, je vous en donnerai un.

Tandis que M. Simonin parlait, M. Pingout regardait autour de lui. Une caisse en bois blanc, portant les chiffres, les lettres et l'estampille des Messageries, était placée dans un coin et attira son attention.

— Qu'est-ce que cela? dit-il.

— C'est un envoi de livres que j'ai reçu hier du ministère.

— Comment! fit naïvement M. Pingout, le ministère vous envoie des livres!.

M. Simonin se prit à sourire et répondit :

— Le ministère ne peut pas envoyer des ballots de livres gratis à tous les instituteurs; mais il a fondé récemment une commission permanente pour les bibliothèques scolaires. Cette commission examine les livres nouveaux, les adopte ou les repousse. Quand elle les a adoptés, elle les revêt d'une estampille particulière, et cela fait, elle s'entend avec les éditeurs. Les communes qui s'adressent à elle obtiennent alors à des prix réduits, c'est-à-dire au prix de libraire, les livres qu'elles demandent ou plutôt que demande l'instituteur.

Quelquefois même, je crois, on accorde du temps aux communes trop pauvres pour se libérer du prix d'acquisition.

— Mais enfin, dit M. Pingout, ceux-là, vous les avez payés?

— Ce n'est pas moi, c'est la commune. Je me suis fait avancer les cent francs qu'on me donne comme secrétaire de la mairie...

En ce moment M. Simonin fut interrompu

par un vacarme subit qui s'éleva dans la rue.

Les deux instituteurs entendirent des cris, des gémissements, des blasphèmes.

Ils quittèrent précipitamment la table et sortirent.

Il y avait un attroupement devant la maison d'école et une foule qui criait et gesticulait.

Au milieu, il y avait un jeune garçon qui pleurait et disait :

— Oh ! ça, pour sûr, je vais mourir !...

La première personne qu'aperçut M. Simonin fut Branchu, le maréchal ferrant.

Quant au jeune garçon qui pleurait, c'était le méchant garnement de Grégoire Chenu.

En deux mots, M. Simonin fut au courant de la situation.

Un chien qu'on supposait enragé s'était jeté sur Grégoire Chenu et l'avait mordu au bras ; le sang coulait.

Le chien, que personne n'avait osé poursuivre, avait continué à suivre la route ; mais, signe certain d'hydrophobie, à la vue du canal, il avait rebroussé chemin et était entré dans la forge de Branchu.

Celui-ci, qui était brave, l'avait assommé d'un coup de marteau.

M. Simonin se fit montrer le chien qui gisait inanimé dans la forge. L'animal avait encore aux lèvres une écume sanglante à laquelle on ne pouvait se tromper.

— Le chien était enragé, dit M. Simonin.

Grégoire Chenu criait toujours :

—Je suis un homme perdu ; je vais mourir !

Une vieille femme s'approcha et dit :

— Il faut lui faire une omelette. Au château des Saulayes, ils sauvent tous leurs chiens avec une omelette.

M. Simonin haussa les épaules et ne dit rien. Mais il prit Grégoire Chenu à bras le corps, le porta dans la forge, prit une pince qui rougissait sous le soufflet, et, tandis que Branchu le maintenait, malgré ses cris de douleur, il cautérisa sa blessure avec le fer chauffé à blanc.

CHAPITRE VIII

L'événement qui venait d'avoir lieu et avait produit une pareille sensation sur les habitants de Saint-Donat acquit un intérêt tout à fait dramatique, à la suite de l'action énergique et spontanée de M. Simonin.

Grégoire Chenu cria, non point comme une anguille, mais comme le condamné Languille, qui fut rompu vif à Melun. Les anguilles n'ont jamais crié, ce qui n'empêche pas le voyageur naïf qui passe à Melun de demander, à table d'hôte, qu'on lui serve de ce poisson si renommé dans le chef-lieu du département de Seine-et-Marne.

Mais la cautérisation opérée, la douleur se calma comme par enchantement, et M. Simonin dit à Grégoire Chenu :

— Je réponds de toi, tu ne mourras pas.

— Est-il possible, disait la bonne femme qui tenait à son *omelette*, d'avoir ainsi martyrisé ce pauvre enfant, quand c'était si simple de le conduire aux Saulayes !

— Ma mère, répondit le maître d'école, se servant d'une expression familière en usage chez les paysans qui parlent à une femme âgée, s'il suffisait d'une omelette fabriquée avec différentes herbes pour prévenir le mal, l'Académie de médecine n'offrirait pas un prix de cent mille francs à celui qui découvrira un remède contre la rage.

— Cent mille francs ! murmurèrent plusieurs paysans.

— Pourtant, dit la vieille tenant à ses idées, au château des Saulayes ils réchappent tous leurs chiens mordus.

M. Pingout, qui venait de se prendre d'une belle amitié pour M. Simonin, intervint dans le débat.

— Je ne sais pas, dit-il, si l'omelette qu'on fait aux Saulayes est une bonne chose; mais je sais bien que M. le préfet, tout dernièrement, a publié une ordonnance qui enjoint de cautériser au fer rouge toute personne mordue.

Pour ceux de Saint-Donat qui n'avaient pas

encore une grande confiance en M. Simonin, M. Pingout était une autorité. Tout le monde se rangea à son avis : la vieille seule tint bon.

Et comme elle continuait à pérorer, tandis que M. Simonin pansait Grégoire Chenu et lui enveloppait le bras du linge fourni par la femme Branchu, on vit deux points noirs mouvants se dessiner sur la route, dans la direction du Tilleul. A mesure que ces points noirs approchaient, il fut facile de distinguer un homme qui tenait un chien en laisse.

— Tiens, dit Mathieu Dominique qui se trouvait là, c'est Blandureau, le garde-chasse de M. Caniset, le maire du Tilleul.

C'était, en effet, un homme qui portait un fusil double sur l'épaule et une plaque de cuivre jaune à son carnier, sur laquelle était écrite sa profession de garde particulier.

Maître Blandureau conduisait à l'attache un magnifique chien basset à jambes torses et au poil moucheté de blanc et de roux.

Quand Blandureau fut à vingt pas de la forge, il s'écria :

— Ah ! vous l'avez donc tué, le chien enragé ?

— Le voilà, répondit Branchu, je l'ai assommé d'un coup de marteau.

— Je l'ai manqué de mes deux coups de fusil, dit Blandureau, et il a mordu mon chien.

On s'aperçut alors que le basset avait une large entaille au cou.

— Cautérisez-le tout de suite, dit M. Simonin.

— Ah bien! oui, répondit Blandureau, je vais aux Saulayes; le garde me le guérira bien.

Et il s'en alla, haussant les épaules de l'observation du magister, et continua son chemin vers les Saulayes.

M. Simonin conduisit Grégoire Chenu chez sa mère et le fit coucher, pressentant bien que le jeune homme aurait la fièvre.

. . . .

Vers le soir, M. Simonin reconduisit M. Pingout au Tilleul, suivant avec lui, au lieu de la grande route, le chemin de halage bordé de peupliers.

Le soleil se couchait derrière les grands chênes de la forêt, les champs étaient déserts, l'air embaumé par les mille senteurs du printemps.

Un calme profond était répandu sur toute

cette nature agreste, véritable mosaïque de prairies, de vignes, de labourages et de landes incultes.

A l'horizon, et déjà enveloppée dans les brumes du soir, on voyait poindre la flèche du clocher du Tilleul.

M. Simonin était silencieux.

— A quoi songez-vous donc? lui demanda le vieux magister qui cheminait auprès de lui.

— J'établis dans mon esprit, répondit M. Simonin, une comparaison qui va vous sembler bizarre.

— Laquelle?

— Je compare la France et l'Allemagne.

— Ah! fit M. Pingout, est-ce un beau pays, l'Allemagne?

— Ce que j'en connais est vert, fertile et pittoresque.

— Comment donc êtes-vous allé en Allemagne?

— Je suis Alsacien. Dans mon pays, les jours de fête, on passe le Rhin en bateau et on se trouve en plein pays de Bade. Mais ce n'est pas au point de vue du pittoresque et de la fertilité du sol que je compare les deux pays.

M. Pingout regarda M. Simonin et attendit qu'il s'expliquât.

M. Simonin reprit :

— La France est un peu la terre promise que rêvent les barbares. Elle est éclairée du soleil, elle a tous les produits du sol, et les fruits savoureux, et le vin qui pétille. La France est le pays des idées; elle produit des penseurs et des poëtes, des soldats et des inventeurs.

Les idées de la France font le tour du monde; et le monde, quand il veut changer ses mœurs, ses coutumes et ses gouvernements, tourne les yeux vers la France et semble demander le mot d'ordre.

— Ça, c'est vrai, dit M. Pingout, nous sommes le premier peuple de l'univers.

— Oui, répondit M. Simonin, mais au point de vue seulement des classes supérieures.

Tenez, je vous parlais de l'Allemagne. Eh bien, dans le seul pays de Bade, il n'y a pas un paysan sur cinquante qui ne sache lire et écrire.

— En vérité!

— En Allemagne, reprit M. Simonin, la féodalité existe encore : le paysan n'a pas le droit de chasse, le barbier ne peut coiffer, le coiffeur ne peut raser, le brasseur n'a le droit de donner à manger que des viandes froides; et une foule d'autres coutumes du moyen âge qui sont autant d'entraves apportées à la liberté. Eh bien, néanmoins, le paysan allemand, pauvre ou riche, va à l'école régulièrement pendant un certain nombre d'années.

— Pourquoi? fit naïvement M. Pingout.

— Mais, dame! parce que l'Etat l'instruit gratis, s'il n'a pas le moyen de payer son instruction.

— Ah! dit M. Pingout, ce que vous dites là est fort juste, ma foi !

— Et alors, en établissant cette comparaison, je me demande, reprit le jeune maître d'école, ce qu'un peuple qui a déjà toutes les saines idées de liberté, qui est arrivé à comprendre l'autorité et la respecte déjà, un peuple à l'ardent cerveau, qui arrive aisément à faire partager ses idées aux nations voisines, et qu'on a souvent appelé *le flambeau du progrès*, je me demande, dis-je, ce que ce peuple fera et pourra faire, le jour où il aura dépouillé l'ignorance, comme le dernier haillon de la barbarie.

— Mais, non, mon ami, dit M. Pingout, vous ne pouvez pas forcer le peuple à aller à l'école !

— Non, pour le moment du moins ; mais on peut l'y encourager, lui en faciliter les moyens, élever gratis les enfants pauvres et augmenter un peu la cotisation de ceux qui sont riches.

— Tout ça, dit le vieux magister, c'est certainement de bonnes idées; mais comment les réaliser?

— Oh! soupira M. Simonin, si j'avais seulement trois mille francs par an à dépenser, je jure bien que dans dix années il n'y aurait pas un homme de dix-huit à vingt ans, sur ma commune, qui ne sût lire, écrire et compter. Malheureusement je n'ai pas trois mille francs...

Et comme en ce moment ils arrivaient aux portes du Tilleul, M. Simonin souhaita le bonsoir à son confrère et reprit le chemin de Saint-Donat, toujours absorbé par ses rêveries.

Quand il arriva chez lui, la nuit était venue.

La veuve Salomon, qui était sur le pas de la porte, vint à sa rencontre.

— Ah! mon cher monsieur notre maître, dit-elle, venez vite!

— Qu'y a-t-il donc? demanda M. Simonin étonné.

— C'est une belle visite...

— Une visite!

— Oui, une jolie demoiselle qui vient vous

voir et qui attend dans le jardin depuis une bonne demi-heure.

— Mais quelle est cette demoiselle?

— C'est la fille à M. Raynouard, répondit la veuve Salomon.

M. Simonin eut un léger battement de cœur et se dirigea vers le jardin, où, en effet, Mlle Raynouard attendait.

CHAPITRE X

Mlle Raynouard était une grande et belle jeune fille, aux cheveux blonds, aux grands yeux étonnés, et qui paraissait avoir dix-neuf ans.

M. Simonin l'avait vue quelques heures à peine, mais elle avait produit sur lui une sensation de bizarre sympathie que le temps avait été impuissant à affaiblir.

Il y avait pourtant six mois et plus que le jeune maître d'école avait, par sa présence d'esprit et son sang-froid, sauvé la vie au fils Raynouard.

Ce dernier, quelques jours après, était venu remercier M. Simonin et lui annoncer que son père consentait à le laisser vivre à Paris et à lui faire une petite pension ; puis il était parti, et, depuis lors, le maître d'école n'avait plus eu aucune relation avec la famille Raynouard.

Cependant, parfois, le soir, quand il avait fini sa classe, ou bien le matin, avant le lever du soleil, M. Simonin, qui adorait les grandes promenades, s'était surpris à diriger ses pas vers la forêt et à passer tout près de ce petit castel en briques rouges qui servait d'abri à cette jeune fille à peine entrevue et dont il rêvait si souvent.

Mais alors, le jeune maître d'école faisait appel à sa raison, rebroussait brusquement chemin et se disait :

— Je suis un pauvre diable voué en ce monde à une mission unique et qui ne doit avoir d'autre famille que ses écoliers.

On comprendra donc l'émotion qui gagna M. Simonin, lorsque, entrant dans son jardin, il vit Marie Raynouard assise sur le banc circulaire de gazon qui protégeait le bassin.

M. Simonin alla à elle, non sans embarras, la salua profondément et lui dit :

— Mademoiselle, il m'est impossible de ne pas attribuer votre visite à quelque événement extraordinaire... et peut-être... avez-vous besoin de moi?

Il prononça ces derniers mots en tremblant.

Marie Raynouard jeta autour d'elle un regard de biche effarouchée :

— Sommes-nous bien seuls? dit-elle.

— Mais oui... mademoiselle...

— Monsieur, reprit la jeune fille, c'est peut-être le ciel qui m'a inspiré la pensée de vous venir trouver; je ne vous avais vu qu'une fois, mais mon frère vous doit la vie, et, depuis ce jour-là, j'ai compris que vous seul, dans tout le pays, me pouviez donner un bon conseil.

— Parlez, mademoiselle; mais comme vous êtes émue!

— Oh! monsieur, balbutia la jeune fille, je ne sais, en vérité, comment vous dire cela...

— C'est donc bien effrayant...

— Mon père... oh! oui, très-effrayant.

— Achevez, mademoiselle, votre père...

— Je crois.... je le crains du moins... mon père est fou...

En prononçant ces derniers mots, elle cacha son visage dans ses mains.

— Mais que me dites-vous donc là, mademoiselle? dit M. Simonin surpris.

— La vérité, monsieur.

— Mais... enfin...

— Pour que vous compreniez mes terreurs, mes angoisses, reprit Marie Raynouard, il faut que je vous donne certains détails sur la disposition de notre maison et les habitudes de mon père.

La maison, le château comme on dit, est fort grand, mais les trois quarts en sont démeublés, et mon père est tellement avare qu'il n'a jamais voulu rien acheter.

Les gens de la ferme sont séparés de nous par une grille que mon père ferme tous les soirs.

Une servante unique couche dans la maison; mais c'est au deuxième étage, dans les combles, tandis que mon père et moi sommes au rez-de-chaussée.

Je couche dans une pièce voisine de la sienne, et cela depuis la mort de ma mère.

Or, monsieur, continua Marie Raynouard, depuis cet événement terrible que vous savez et qui, sans vous, nous eût plongés dans le deuil, la raison de mon père s'est altérée peu à peu.

Plein de sens pendant la journée, comptant juste avec ses fermiers, raisonnant avec calme sur toutes choses, il commence à s'assombrir vers le soir, et la nuit il est poursuivi par des rêves affreux, au milieu desquels il prononce sans cesse ces mots : « La main de Dieu est sur moi. »

M. Simonin tressaillit :

— Votre père, dit-il, est pourtant, avarice et excentricité à part, un très-honnête homme.

— Oh ! oui, monsieur, dit Marie Raynouard.

— Et vous dites que ces hallucinations datent de la tentative du suicide de votre frère ?

— Oui.

— Et elles sont quotidiennes ?

— A présent, oui. Souvent, la nuit, il se lève et prononce des paroles incohérentes. Puis il va fermer les portes et pousse tous les verrous. Souvent même un nom vient à ses lèvres.

— Quel nom ?

— Un nom qui m'est inconnu, Jean Labat.

— Et que dit-il encore en prononçant ce nom ?

— Je l'ai entendu qui disait : Jean, pardonne-moi ! pardonne-moi !

— Tout cela est fort bizarre, murmura M. Simonin.

— Il n'y a que moi qui entends cela, qui sais cela, continua la jeune fille ; et j'aurais continué à garder ce secret et à trembler dans mon lit chaque nuit, si je ne m'étais aperçue que la santé de mon père s'altérait, et qu'il dépérissait à vue d'œil.

Que faire?

Appeler un médecin? Il n'y faut pas songer. Mon père le ferait mettre dehors, en disant qu'il n'est pas malade et que, d'ailleurs, il n'a pas le moyen de payer des visites.

J'avais songé un moment à aller voir M. le curé; mais M. le curé a été si mal reçu un jour où il vint demander pour son église, qu'il me refuserait peut-être de venir voir mon père.

M. Simonin, tout pensif, écoutait la jeune fille.

— Mademoiselle, dit-il enfin, je ne suis pas médecin aliéniste et je ne saurais guérir la folie; mais, peut-être pourrai-je vous donner un bon conseil.

— Oh! parlez, monsieur, parlez! fit-elle en joignant les mains.

— Vous dites que les hallucinations se reproduisent toutes les nuits?

— Oui.

— Vers quelle heure à peu près?

— Elles commencent à onze heures ou minuit, après son premier sommeil.

— Et elles se prolongent...

— Quelquefois jusqu'au point du jour.

— Ah !

Et M. Simonin garda un moment le silence.

Puis il prit les mains de la jeune fille dans les siennes et lui dit d'une voix un peu émue :

— Me croyez-vous un honnête homme?

— Oh! certes, monsieur; ne suis-je pas venue franchement à vous?

— C'est vrai.

— Ce que vous me demanderez de faire, je le ferai.

— Eh bien, dit M. Simonin, il faudrait que je pusse voir et entendre votre père quand il est en cet état. Est-ce possible?

Marie Raynouard hésita, puis elle dit, un peu confuse :

— Ce n'est possible que dans ma chambre.

M. Simonin se tut.

Alors elle leva vers lui un regard plein de confiance et de franchise !

— Eh bien, pourquoi n'y viendriez-vous pas ? dit-elle.

Le cœur de M. Simonin battait violemment.

— Mais, dit-il, comment parvenir dans votre chambre sans être vu, sans éveiller l'attention ?

— Tout autre soir que celui-ci, dit-elle, ce serait impossible ; car mon père ne se met au lit qu'après avoir tout fermé.

— Et... ce soir ?...

— Ce soir, il a oublié une petite porte qui ouvre sur la cour et le potager. C'est par là que j'ai pu m'échapper et venir jusqu'ici.

— Votre père est donc déjà couché ?

— Oh ! oui, monsieur, dès huit heures du soir, et les fermiers aussi... et la servante... et si vous voulez venir, nous ne rencontrerons sûrement personne.

— Eh bien, allons ! dit M. Simonin.

Et il prit son chapeau et un gros bâton noueux.

Le jardin de la maison d'école donnait sur les champs par une porte à claire-voie.

Ce fut par là que sortit M. Simonin, donnant le bras à Mlle Marie Raynouard.

Comme c'était dimanche, les gens de Saint-Donat étaient au cabaret et aucun ne revenait des champs.

D'ailleurs la nuit était assez noire.

Les deux jeunes gens suivirent un petit sentier qui courait au travers des vignes jusqu'à la forêt.

Là ils trouvèrent un faux chemin sur la lisière, et ils arrivèrent au château par les derrières de la ferme.

M. Simonin était plus ému que le soldat qui va au feu pour la première fois.

Marie Raynouard lui fit traverser le potager, arriva à la petite porte qui n'était, ce soir-là, fermée qu'au loquet, et l'ouvrit.

Un grand chien dogue arriva en bondissant et donna un coup de voix.

— Paix, Turc! dit tout bas la jeune fille.

Le dogue se tut, et Mlle Raynouard continua à guider le jeune maître d'école en le conduisant par la main.

CHAPITRE X

Marie Raynouard avait dit vrai.

A peine, guidé par elle à travers les corridors obscurs du château, M. Simonin fut-il installé dans la chambre de la jeune fille, derrière la porte que celle-ci entr'ouvrit, que l'avare, qui dormait profondément, commença à soupirer, puis à gémir, puis à se trémousser sur son lit.

Enfin quelques paroles entrecoupées, quelques mots sans suite jaillirent de ses lèvres.

Alors M. Simonin pressa doucement le bras de la jeune fille :

— Ecoutez! dit-il.

L'avare disait :

— Ah! Jean Labat! mon pauvre Jean Labat... le mal que je t'ai fait ne m'a pas porté bonheur... La main de Dieu est sur moi...

— Mademoiselle, dit tout bas M. Simonin, est-ce toujours ce nom-là que prononce votre père?

— Oui, monsieur, toujours le même.

— Et vous n'avez jamais connu ce Jean Labat?

— Jamais.

— Auparavant, votre père en parlait-il?

— Non, monsieur.

— C'est bizarre!... murmura le maître d'école.

L'avare s'était dressé sur son séant; et, comme on allumait tous les soirs une veilleuse dans sa chambre, M. Simonin put le voir à travers la porte.

Il était à moitié nu; sa chemise défaite laissait apercevoir sa poitrine velue dans laquelle il enfonçait ses ongles.

Il avait les yeux ouverts, mais hagards et fiévreux. L'hallucination était bien réelle.

— Tout cela est fort étrange, se disait le maître d'école.

Cet homme a commis quelque mauvaise action, et c'est le remords qui le prend à la gorge.

M. Raynouard, toujours en proie au délire, disait :

— Ma femme est morte, mon fils est mort !

Ces derniers mots étaient une preuve que malgré ses yeux ouverts, M. Raynouard rêvait; son fils était bien portant et avait, tout récemment, écrit de Paris.

— Mon fils est mort, répétait-il, et certainement ma fille mourra aussi... Alors, je serai tout seul...

— Mademoiselle, demanda M. Simonin à la jeune fille, puisque vous n'avez jamais entendu parler de ce pauvre Labat, c'est probablement quelque ami d'enfance de votre père.

— C'est possible, monsieur.

— Est-ce que votre père est de ce pays-ci ?

— Non, monsieur.

— D'où est-il?

— Mon père est du Midi. Il était commis voyageur autrefois, et il faisait le commerce des vins.

L'avare avait quitté son lit et se promenait à grands pas, répétant toujours ce nom mystérieux.

Une idée hardie et bizarre passa alors dans l'esprit du jeune maître d'école :

— Mademoiselle, dit-il, je crois deviner la nature de la folie de votre père.

— Oh! monsieur...

— Et je crois qu'on peut le guérir.

Elle lui serra la main dans l'obscurité et lui dit tout bas de sa voix douce et anxieuse :

— Ah! je savais bien que vous pourriez venir à mon aide.

— Oui, dit M. Simonin, mais il faut que vous fassiez ce que je vais vous demander.

— Parlez, monsieur, je vous obéirai.

— Je voudrais rester seul ici.

— Comment! il faut que je m'en aille....

— Oui, l'espace d'un quart d'heure. Jetez un châle sur vos épaules et allez vous promener dans le potager. Quand je saurai ce que je veux savoir, j'irai vous rejoindre.

M. Simonin avait, malgré sa douceur, une certaine autorité dans la voix qui avait déjà agi sur bien du monde à Saint-Donat.

Mlle Raynouard en subit l'ascendant.

— Comme vous voudrez, monsieur, dit-elle.

Et elle sortit sur la pointe du pied.

Alors M. Simonin demeura derrière la porte entre-bâillée et continua à observer l'avare toujours en proie à son hallucination.

— Jean Labat! Jean Labat! répétait-il, tu ne veux donc pas me pardonner?

M. Simonin enfla sa voix et répondit :

— Je te pardonnerai si tu répares le mal que tu as fait.

Ce fut comme un coup de théâtre.

A cette voix qui s'élevait à son oreille, M. Raynouard s'arrêta brusquement, la sueur au front, la bouche entr'ouverte, les yeux fixes et ardents.

Puis tout à coup il tomba à genoux et s'écria :

— Ah! je le savais bien, les morts parlent !

— Et ils pardonnent! répondit M. Simonin, qui saisit au vol cette révélation.

— Mais puisque tu es mort, reprit l'avare, comment veux-tu que je te rende ce que je t'ai pris ?

— Ah! pensa M. Simonin, il s'agit d'un vol...

Et il cria à travers la porte :

— Ce que tu ne peux me restituer à moi, tu peux le restituer à mes héritiers...

L'avare était toujours à genoux, les mains étendues, dans l'attitude de l'effroi et de la prière.

M. Simonin savait maintenant tout ce qu'il voulait savoir.

Il se glissa hors de la chambre de la jeune fille qu'il rejoignit dans la cour.

Elle l'y attendait avec une impatience fiévreuse.

— Eh bien, dit-elle, vous savez le mal de mon père ?

— Oui, mademoiselle.

— Et vous le guérirez ?

— Je l'espère.

— Mais alors, vous reviendrez ?

— Oui.

— Demain soir ?

— Oh! non, dit le maître d'école, il faut que vous me trouviez un prétexte pour revenir ici, en plein jour, et causer avec votre père.

— Je le trouverai. Est-ce que vous ne savez pas tailler les arbres ?

— Si fait, mademoiselle.

— Je persuaderai à mon père qu'il faut tailler ceux du jardin.

Et la jeune fille reconduisit M. Simonin jusqu'au bout du potager et lui souhaita le bonsoir en le remerciant.

. . . .

Le lendemain, comme il allait ouvrir sa

classe, M. Simonin vit entrer chez lui un paysan qu'il reconnut tout de suite pour être ce fermier de M. Raynouard, dont Grégoire Chenu avait battu le fils.

Le fermier devait, disait-il, payer le mois d'école de son fils; mais il trouva le moyen de se glisser dans la cuisine en faisant un petit signe au maître d'école qui l'y suivit.

— La demoiselle à notre maître, dit tout bas le fermier, m'a recommandé de vous venir voir et de vous remettre ceci.

Et il lui glissa dans la main une lettre que M. Simonin ouvrit sur-le-champ.

Marie Raynouard écrivait :

« Monsieur,

« Depuis ce matin, mon père est bien changé. Que s'est-il passé ? Je ne sais. Mais il parle de donner de l'argent au curé pour dire des messes, et il m'a demandé si je ne connaîtrais pas dans le pays quelqu'un qui voudrait faire un voyage pour lui.

« Alors j'ai prononcé votre nom, et il m'a dit :

« Oui, oui, c'est bien cela, c'est lui qu'il me faut. »

« Venez donc ce soir, monsieur, après votre classe. Je me meurs d'impatience. »

M. Simonin dit au fermier :

— Vous répondrez à la demoiselle du château que je ne manquerai pas d'aller m'entendre avec son père pour tailler les arbres de son jardin.

Le père Vattier ouvrit de grands yeux.

— Ma fine ! monsieur, dit-il, je ne sais plus si je suis bien éveillé ou si je dors.

— Pourquoi cela ? demanda M. Simonin en souriant.

— Parce que, répondit le fermier, je crois bien que, depuis ce matin, notre maître a perdu l'esprit.

— Vraiment !

— Faut le secouer pour qu'il loue des moissonneurs, parce qu'il dit que les journées d'homme se payent trop cher, et voilà qu'il veut tailler ses arbres ! Sans compter que ce matin il a donné deux sous à un pauvre... C'est peut-être bien la première fois de sa vie que ça lui arrive !

— Mieux vaut tard que jamais, dit M. Simonin ;

Et il congédia le paysan, et commença sa classe.

Quelques heures plus tard il se rendait chez M. Raynouard. Le stratagème si simple, imaginé la nuit précédente par le jeune maître d'école, avait eu une portée terrible.

L'avare que chaque nuit le remords prenait à la gorge, saisi d'une terreur superstitieuse, avait cru, comme à un article de foi, à cette voix qui semblait sortir de la tombe et lui parlait de restitution.

M. Simonin lui trouva le visage bouleversé, les lèvres pendantes et l'œil atone.

Mais il avait reconquis toute sa raison.

— Mon cher monsieur, dit M. Raynouard au jeune maître d'école, vous m'avez sauvé mon fils, et je vous crois un brave garçon.

— Je le crois aussi, dit simplement M. Simonin.

— J'ai un service à vous demander, continua M. Raynouard.

— Je suis à vos ordres, monsieur.

— Eh bien, venez avec moi.

Et l'avare emmena M. Simonin dans la pièce la moins délabrée du château et s'y enferma avec lui.

CHAPITRE XI

— Monsieur, dit M. Raynouard lorsque M. Simonin et lui furent seuls, je serai franc avec vous. Depuis six mois je tourne à la folie et je me sens mourir petit à petit.

— En effet, monsieur, répondit M. Simonin, vous paraissez souffrant et il me semble que vous avez un peu vieilli.

— Mes cheveux ont blanchi dans la nuit qui a suivi la tentative de suicide de mon fils.

— Heureusement, dit M. Simonin en souriant, que ce n'a été qu'une tentative.

— Grâce à vous, monsieur, et j'aurais dû plus tôt vous témoigner ma reconnaissance. Mais, pardonnez-moi, vous avez devant les yeux un pauvre homme aveuglé par trente années d'égoïsme. Vous ne savez pas ce que c'est que l'air de ce pays-ci, il corrompt la tête et enveloppe le cœur d'une couche de glace. Je n'étais pas avare quand je suis venu à Saint-Donat. Tout au contraire, je passais même pour un prodigue. Mais l'amour de l'argent! Oh! vous êtes bien heureux de ne pas savoir ce que c'est.

M. Simonin regardait ce vieillard qui entrait si naïvement dans la voie des aveux.

L'avare poursuivit :

— Il n'y a donc que six mois que le remords m'a pris à la gorge.

— Le remords?...

— Oui, j'ai commis un crime dans ma jeunesse, j'ai dépouillé mon ami intime, et ce bien d'autrui que je me suis approprié a été la pierre angulaire de ma fortune.

Tenez, tel que vous me voyez, monsieur, j'ai aujourd'hui plus de douze cent mille francs. Eh bien, j'ai été, dans ma jeunesse, garçon marchand de vin, puis commis voyageur. J'étais travailleur, je gagnais largement ma vie dans ce métier-là et je dépensais ce que je gagnais. Mes parents étaient morts, je n'avais rien à espérer.

Dans la maison de vins de Bordeaux qui

m'avait commissionné, il y avait un autre voyageur avec qui je m'étais lié. Nous faisions les mêmes tournées et alternativement les voyages de Paris.

On le nommait Jean Labat.

Un jour du mois de novembre de l'année 1821, Jean Labat m'annonça qu'il partait pour l'Amérique du Sud. Il avait quelques économies et il venait de s'associer avec un commerçant du Chili.

— Mon ami, me dit-il, je pars dans un mois, le 1er décembre, et j'ai tant de petites affaires à régler à Bordeaux que je n'aurai pas le temps d'aller à Paris avant mon départ. Mais nous sommes de vieux amis, j'ai pleine et entière confiance en toi, et voici ce que je te demande.

— Parle, lui dis-je.

Jean Labat poursuivit :

— J'ai ou plutôt j'avais un oncle paternel qui a quitté le pays fort jeune pour aller chercher fortune à Paris. Il se nommait Simon Labat. S'il ne s'est pas marié, je suis son héritier, à la condition toutefois qu'il ait laissé un héritage, ce qui est peu probable, car c'était un assez mauvais sujet et il aura sans doute

7

pensé à toute autre chose qu'à faire sa fortune.

— Mais, lui dis-je, sais-tu s'il est mort?
— Je le crois.
— Et mort à Paris...
— Il est impossible que ce ne soit pas lu Tiens, vois...

Et il tira de sa poche un numéro de *la Gazette de France* et me montra à la liste des décès et inhumations ce nom : S. Labat, 66 an. A cette époque on n'indiquait pas le domicil.

— Et tu penses, lui dis-je, que c'est ta oncle?
— Oui, c'est bien l'initiale de son prénoi et c'est bien l'âge qu'il devait avoir.
— Eh bien, lui dis-je, que veux-tu que c fasse?
— Quand pars-tu pour Paris?
— A la fin de la semaine.
— Je vais te donner une procuration générae par-devant notaire, continua Jean Labat; avc cela, tu feras des recherches... et s'il y a ue succession tu la liquideras.
— Mais... toi... lui dis-je.
— Oh! moi, je ne pars que le 1er décembr, et comme il est probable que mon oncle ra laissé que des dettes...

— Mais enfin, s'il t'avait laissé une fortune.
— Eh bien, je ne partirais pas. Tu m'écrirais.

Huit jours après, j'étais sur l'impériale de la diligence de Bordeaux à Paris, porteur d'une procuration générale que m'avait donnée Jean Labat.

Je croyais peu à son héritage, je ne m'en occupai pas tout de suite ; ce ne fut que dans les derniers jours de novembre que je songeai à faire des recherches. Elles furent couronnées de succès. J'appris que M. Simon Labat était mort célibataire, commerçant retiré, et laissait une fortune de 80,000 francs.

La succession était ouverte et nul ne s'était présenté.

Mon premier mouvement fut honnête, j'écrivis à Jean ces trois lignes :

« Tu hérites de 80,000 fr.; renonce à ton
« voyage en Amérique, prends la diligence de
« Paris et arrive. »

Puis cette lettre écrite, il me vint une mauvaise pensée, une pensée d'envie :

— Ah ! me dis-je, il est heureux celui-là !

Et puis, je me dis encore :

— Si j'avais cet argent, je voudrais être millionnaire dans dix ans.

Alors le démon me tenta. Je pris la lettre que je venais d'écrire et je la jetai au feu.

Cependant je luttai contre le crime pendant trois jours encore, et j'atteignis ainsi le 27 novembre.

Mais ce jour-là, je succombai à la tentation, et j'écrivis à Jean Labat :

« Jusqu'à présent, rien de positif sur ton « oncle, il est mort à l'hospice. »

Jean Labat reçut cette lettre le 30 novembre et il s'embarqua le lendemain.

Alors, quand je fus bien certain qu'il était parti, je m'occupai de liquider la succession et j'en fus paisiblement mis en possession.

Puis, je retournai à Bordeaux. Là encore, ma conscience s'éveilla et me conseilla d'écrire à Jean Labat pour le faire revenir.

Mais l'amour de l'argent amène parfois à de singulières transactions avec soi-même et je m'éveillai un matin en me disant :

— Avec cet argent, je vais m'établir, je ferai fortune, et quand il reviendra, nous partagerons.

A partir de ce jour, je considérai l'argent de Jean Labat comme mien, et je m'établis en effet.

En moins de deux ans, mes affaires avaient

si bien prospéré que j'avais doublé mon capital. Un an plus tard, je reçus du Chili une lettre qui m'annonçait que mon malheureux ami Jean Labat y était mort de misère.

Le remords une fois encore s'empara de moi, mais après m'être fait le raisonnement que son argent ne le ressusciterait pas, je continuai à jouir en paix du fruit de mon crime.

Depuis lors, je me suis marié, j'ai eu des enfants, j'ai perdu ma femme, et je serais mort moi-même sans me repentir, si Dieu ne m'avait averti...

M. Simonin regarda le vieillard qui était pâle et défait et laissait tomber sa tête blanche sur sa poitrine.

— Eh bien, monsieur, dit-il, qu'attendez-vous de moi?

— Est-ce que vous ne donnez pas quinze jours de congé à vos écoliers pendant les moissons?

— Oui, ce congé commence dimanche.

— Ecoutez-moi, reprit M. Raynouard, Jean Labat était d'un petit village aux environs de Bordeaux; il doit avoir laissé des héritiers, des frères ou des neveux. Je voudrais le savoir et leur rendre cet argent afin de mourir en paix. Voulez-vous faire le voyage?

— Volontiers, répondit M. Simonin. Mais je ne pourrai partir avant lundi.

— Soit, dit le vieillard, pourvu que je rende le bien d'autrui.

....

Dix jours après, M. Raynouard reçut une lettre de M. Simonin.

Cette lettre était datée de Bordeaux.

« Monsieur, disait le jeune maître d'école, Jean Labat était fils unique, et n'avait qu'un cousin germain qui a été tué à Paris sur les barricades de la rue Transnonain.

« Je me suis livré aux plus minutieuses recherches dans le pays et les environs pour retrouver un héritier proche ou lointain du malheureux Jean Labat.

« Cette famille est éteinte et n'a laissé aucune ramification.

« Je reprends donc le chemin de Saint-Donat avec les traites que vous m'avez confiées et que je n'ai pas eu occasion de présenter.

« Votre serviteur, « SIMONIN. »

CHAPITRE XII

Un mois après les événements que nous venons de raconter, M. Simonin était chez M. Raynouard et sa fille.

Tous trois causaient.

— Mon cher monsieur Simonin, disait l'avare, que le remords avait changé, j'ai fait mon calcul. Je veux faire quatre parts de cet argent mal acquis : un quart aux pauvres, un quart à la commune de Jean Labat, un quart à celle qui m'a vu naître, et le quatrième quart à Saint-Donat.

— C'est-à-dire quatre fois vingt mille francs, dit M. Simonin.

— Non, quatre fois quarante. Je calcule que le capital est doublé avec les intérêts.

— Vous avez raison, dit M. Simonin. Mais comment emploierez-vous ces quarante mille francs ici?

— Ce n'est pas moi qui me chargerai de ce soin, répondit l'avare.

— Ah!

— Ce sera vous.

M. Simonin tressaillit :

— Prenez garde, monsieur, dit-il; si vous me laissez carte blanche, je ferai bien des choses.

— Vous aurez carte blanche.

— Cependant, reprit le maître d'école, je ne ferai rien sans vous consulter.

— Eh bien, voyons! expliquez-moi vos projets.

— Je commencerai par placer, au nom de la commune, dix mille francs en trois pour cent ou en chemins de fer.

— A quoi destinez-vous les cinq cents francs de revenu? demanda Mlle Raynouard.

— Mademoiselle, répondit le maître d'école, avec cette somme on pourrait fonder deux lits pour les malades nécessiteux que nous sommes jusqu'à présent obligés d'envoyer à l'hospice de Jargeau ou à celui d'Orléans.

— Voilà une admirable idée, dit M. Raynouard. Mais où établir cet hôpital ?

— Dans la maison d'école, qui est assez spacieuse.

— Mon père, dit Mlle Raynouard, est-ce que nous ne pourrions pas céder cette maisonnette que nous avons au bourg et qui n'est pas louée ?

— Accordé ! répondit le vieillard tout à fait métamorphosé. Reste trente mille francs, mon cher monsieur Simonin.

Le maître d'école se prit à sourire :

— Oh ! monsieur, dit-il, vous allez voir qu'ils seront bientôt employés. Je crois qu'il serait bon d'établir un four banal pour les pauvres, un four où le bois ne leur coûterait rien, et auquel on annexerait une boulangerie qui, par les années de disette, donnerait le pain à un prix inférieur à celui du tarif.

Avec quinze mille francs, on aurait sept cent cinquante francs de rente qui permettraient de subvenir à cette dépense et d'imiter en petit, à Saint-Donat, ce que l'on fait à Paris.

— Très-bien ! mais il vous reste encore quinze mille francs ?

— C'est vrai, répondit M. Simonin, et voici

où je vais commencer à prêcher pour mon saint.

— Ah! voyons! fit M. Raynouard.

— Nous avons pensé aux malades et aux pauvres qui n'ont pas de pain, songeons maintenant aux pauvres d'esprit, c'est-à-dire à ceux qui n'ont pas le moyen d'acquérir de l'instruction. Je voudrais que chaque habitant de la commune pût envoyer ses enfants, si pauvre qu'il soit, à l'école.

— Mais, dit ingénument Mlle Raynouard, il paraît, monsieur, que vous avez plus de dix écoliers qui ne vous ont jamais payé.

— Cela est vrai, mademoiselle, mais j'ai une petite rente de chez moi qui ajoutée à ma modeste subvention me permet de vivre et de faire ce que je fais. Eh bien, supposez que demain j'aie mon changement...

— Oh! monsieur.... dit la jeune fille rougissante...

— Cela se peut, continua le maître d'école qui se surprit à soupirer, on peut me donner pour successeur un pauvre homme chargé de famille et qui ne pourra se passer de la rétribution scolaire.

— C'est juste.

— Eh bien, reprit M. Simonin, voici ce que je voudrais.

— Parlez, monsieur.

— Je voudrais qu'avec les quinze mille francs restants, on créât un revenu affecté à l'instruction primaire de la commune; que sur ce revenu on pût acheter des livres pour la bibliothèque communale, faire aux enfants pauvres des avances de livres, de plumes, d'encre et de papier, avances dont le remboursement serait facultatif, et qu'enfin, les instituteurs qui me succéderont trouvassent, au besoin, dans cet argent, une ressource pour obvier à l'insuffisance de leur traitement.

— Monsieur, monsieur, dit M. Raynouard ému, vous êtes mieux qu'un brave homme, vous êtes un homme intelligent et dévoué à la plus noble des causes, le progrès.

M. Simonin remercia d'un sourire, et, comme il était tard, il prit congé de ses hôtes.

....

Or, c'était précisément le lendemain de ce jour, que le jeune maître d'école accepta mon invitation à dîner et vint aux Charmilles me raconter toutes ces belles choses.

— Monsieur, lui dis-je, quand il eut terminé son récit, tout cela est certainement merveilleux; mais vous n'avez point encore déblayé votre route de toutes les broussailles qui l'embarrassent.

— Je le sais, me dit-il, mais je suis patient et je sais persévérer.

— Avez-vous songé, repris-je, à la façon de faire accepter à la commune de Saint-Donat les libéralités de M. Raynouard?

— Mais c'est tout simple, me dit-il un peu étonné.

— Moins simple que vous ne le pensez.

— Vraiment !

— Le maire, le conseil municipal, la fabrique et peut-être le curé seront contre vous.

— Mais pourquoi ?

— Tous voudront bien de l'argent, mais chacun voudra l'employer à sa manière.

— Comment cela ?

— Le conseil municipal dira qu'il est plus urgent d'entretenir les chemins vicinaux que de fonder un hospice.

— Bon ! après ?

— La fabrique dira que le bureau de bienfaisance se chargera de distribuer du pain et de la soupe mieux qu'une boulangerie économique.

— Et le curé, que dira-t-il ?

— Le curé demandera des religieuses.

M. Simonin devint tout pensif.

— Vous pourriez bien avoir raison, me dit-il. Je réfléchirai.

— Je vous donne rendez-vous dimanche prochain, lui dis-je.

Et comme il franchissait le seuil de ma porte, j'ajoutai :

— Vous avez fait la moitié de la besogne, mais la moitié seulement.

— C'est ce que je verrai dimanche prochain, me dit-il, car on va renouveler le conseil municipal.

FIN DE LA PREMIÈRE PARTIE.

DEUXIÈME PARTIE

CHAPITRE Ier

Je n'avais pas revu M. Simonin depuis plus de trois mois.

Absent des Charmilles, je n'y revins qu'au commencement d'octobre.

J'arrivai par un clair de lune superbe et une nuit un peu froide, en voiture découverte, avec tout mon attirail de chasseur et deux amis parisiens qui venaient passer une semaine chez moi.

Comme je traversais le pont du canal, j'aperçus une maison fraîchement blanchie et je reconnus la vieille masure que M. Raynouard possédait au bourg.

— Qu'est-ce donc que cela? demandai-je à

mon jardinier qui était venu nous prendre à la gare.

— C'est l'hospice, me répondit le jardinier avec emphase.

— Comment! l'hospice. Il y a donc un hospice à Saint-Donat?

— Oui, monsieur.

— Et depuis quand?

— Mais, dame! voici quinze jours que tout est fini ou à peu près.

Je me souvins alors des confidences de M. Simonin, et une vive curiosité s'emparant de moi, je questionnai mon jardinier.

Oh! ma foi, monsieur, me dit-il, notre nouveau maître d'école peut se vanter d'être un fier homme.

— Comment cela? lui demandai-je.

— Vous savez bien notre maire?

— Oui, certes. Eh bien?

— Eh bien, notre maire ne fait plus que ce que veut M. Simonin.

— Et sa femme? fis-je en souriant.

— Oh! sa femme, elle dit comme lui aussi.

— Vraiment!

— Ce diable d'homme, poursuivit mon jardinier, au moment où nous quittions la grande route pour nous engager dans le chemin de traverse qui mène aux Charmilles, je ne sais pas comment il s'y prend, mais il nous a tous ensorcelés dans le pays.

— C'est donc lui qui a eu l'idée de l'hospice?

— Faut croire, puisqu'il a dirigé les travaux. M. Raynouard, — encore un qui ne se ressemble plus depuis que M. Simonin est entré chez lui, — a fourni l'argent.

— Et le conseil municipal l'a accepté?

— Certainement. Mais ce n'est pas tout, on nous a bâti un four banal derrière la mairie, et on a fait un arrangement avec Gerbier, le boulanger. Il paraît que dans les mauvaises années...

— Oui, je sais, dis-je en interrompant mon loquace serviteur.

— Bah! vous ne savez pas tout, monsieur, on a agrandi le jardin de la maison d'école, et tous ceux qui ne peuvent pas payer, et il y en a beaucoup sur Saint-Donat, M. Simonin *les apprend* pour l'amour de Dieu.

Enfin, voilà qu'on a envoyé trois grosses caisses de livres de Paris et que le menuisier a fait des placards dans la salle de la commune pour les loger.

Mémement, ajouta mon jardinier, que le père Jacques, notre adjoint, passe tous ses dimanches à lire comme s'il étudiait pour être notaire.

Nous arrivions aux Charmilles et minuit sonnait au coucou d'Allemagne que j'ai rapporté de Francfort, il y a sept ou huit ans, et qui pend entre les deux croisées de ma salle à manger.

Le lendemain matin, mes hôtes et moi nous étions sur pied au point du jour, guêtrés, bottés, le fusil sur l'épaule, tandis que *Hourvari* tenait sous le fouet mes quatre petits bassets à longs poils.

Hourvari est un jeune drôle qui se nomme Joseph et qui me braconnait tous mes lapins. Je l'ai pris dans mon jeu, ne pouvant mieux faire, et je l'ai élevé, sous le sobriquet de *Hourvari*, à la dignité de valet des chiens.

Mais je songeais moins à chasser qu'à pénétrer les mystères de Saint-Donat, c'est-à-dire à savoir comment M. Simonin avait pu s'y prendre pour mener à bien tous ses projets.

Aussi, avant de partir, confiai-je un petit mot pour lui à mon jardinier, invitant le jeune maître d'école à dîner.

Nous fûmes reconduits le soir aux Charmilles par une pluie battante qui cependant n'avait pas effrayé M. Simonin, car je le trouvai installé devant le feu de la cuisine séchant ses habits transpercés.

Après le dîner, mes hôtes gagnèrent la salle de billard, et je gardai mon jeune maître d'école dans la salle à manger.

Alors, entre deux cigares, il me fit le récit suivant :

— Vos dernières paroles, monsieur, m'avaient tellement fait réfléchir, que le lendemain de notre dernière entrevue, je m'en allai chez M. Raynouard, et le priai de garder momentanément le secret sur ses intentions généreuses à l'égard de Saint-Donat.

Il ne comprit pas tout d'abord, mais j'insistai tellement qu'il voulut bien attendre un mois et le renouvellement du conseil municipal.

Deux jours plus tard, le maire arriva.

J'étais secrétaire de la mairie, je me rendis chez lui, le jour même de son arrivée, accompagné de maître Jacques.

M. Taconey, ce qui nous parut d'un bon augure, était venu seul à Saint-Donat, et Mme la mairesse, persuadée que ses administrés étaient trop heureux d'avoir à leur tête un homme comme son mari, avait jugé inutile de devancer, à propos des élections, le moment de son installation à la campagne.

M. Taconey est un brave homme, vous le connaissez aussi bien que moi, et quand il ne subit pas d'influences fâcheuses, il est très-clairvoyant et très-soucieux des intérêts de sa commune.

Je lui soumis les travaux faits en son absence, il parut satisfait et me dit à brûle-pourpoint :

— Pensez-vous que notre conseil municipal soit bon tel qu'il est?

— Je vous soumettrai mes respectueuses observations, lui dis-je ; nous en avons beaucoup causé avec maître Jacques, et nous pensons qu'il y a sur la commune des gens très-dévoués, très-sensés, qui seraient une excellente acquisition.

La discussion fut longue, animée, et M. Taconey se rendit plus d'une fois à mes avis.

Il fit la liste et élimina deux conseillers qui n'étaient entrés que par surprise dans le précédent conseil. L'un d'eux était l'intendant de la baronne de X... qui, en ce moment, plaidait avec la commune. L'autre, un ancien valet de chambre retiré dans le pays où, du reste, il ne possédait pas un pouce de terre et qui s'était toujours montré beaucoup plus zélé pour les intérêts de Mme de X... que pour ceux de la commune.

Huit jours après, la liste du maire passa tout entière.

Parmi les nouveaux élus, il y avait Branchu, le maréchal, qui était dans la confidence de mes projets et m'avait promis de me soutenir.

A la première réunion, je demandai la parole et j'annonçai qu'un donateur mystérieux offrait à la commune une somme de quarante mille francs.

Le maire fit un soubresaut, le conseil s'agita, et je fus accablé de questions par ceux qui ajoutèrent foi à ma communication, car le plus grand nombre haussa les épaules et prétendit que je voulais me moquer du monde.

L'avarice de M. Raynouard était si connue, que personne ne soupçonna qu'il pût être la personne dont je parlais.

M. Taconey, après la séance, resta seul avec moi et me dit :

— Êtes-vous bien sûr qu'on ne s'est pas moqué de vous?

— Oh! très-sûr, répondis-je, je puis même vous dire que les fonds sont à ma disposition.

A ces mots, les yeux de M. Taconey s'écarquillèrent outre mesure.

— Oh! me dit-il, s'il en est ainsi, nous pourrons faire bien des choses.

— Eh bien, repris-je, selon vous, monsieur le maire, que pourrait-on bien faire de cet argent?

— D'abord, me dit-il, il nous faut des chemins. Nous n'en avons pas.

— Et ensuite?

— Nous pourrions faire un pont sur le canal, à mi-chemin de Saint-Donat et du Tilleul.

— Sans doute, répliquai-je, mais il y a, je crois, des choses plus urgentes.

Et je lui parlai de l'hospice.

M. Taconey haussa les épaules.

Je n'eus pas plus de succès avec mon projet de boulangerie et de four banal.

Quant à la rente de sept cent cinquante francs qui devait venir en aide à l'instruction primaire, M. Taconey se mit à rire.

— Mais, mon cher monsieur, me dit-il, si ce bienfaiteur inconnu, qui vous charge de ses affaires, voulait jeter son argent par les fenêtres, il n'aurait pas une plus mauvaise idée. Un hospice! Mais à quoi bon? On reçoit nos malades à Jargeau, et cela ne nous coûte rien.

— Bon! Et le four banal? lui dis-je, abandonnant momentanément l'hospice.

— Ceci est plus raisonnable, dit-il; mais les chemins vicinaux... Ah! vous ne connaissez pas encore bien nos chemins...

Je n'insistai pas, et la discussion fut close lorsque j'annonçai que je consulterais le donateur.

Il s'écoula huit jours; la nouvelle des quarante mille francs fit le tour du pays; mais M. Raynouard et sa fille gardèrent le secret et on commençait à ne pas y croire, lorsque je reçus la visite du nouveau curé, — car, acheva M. Simonin, vous ne savez peut-être pas que l'abbé Gervais a eu son changement.

— En effet, répondis-je à M. Simonin, je l'ignorais. Et qui vous a-t-on envoyé?

— Un jeune prêtre très-instruit, très-courageux, très-accessible aux idées nouvelles, et qui est plein de zèle pour tout ce qui est bien, utile et bon.

Et M. Simonin continua ainsi :

CHAPITRE II

Le nouveau curé de Saint-Donat est un homme jeune et qui semble avoir été créé pour l'état qu'il exerce.

Front large, œil calme et froid, bouche sur laquelle vient quelquefois errer un sourire mélancolique, visage long aux pâleurs ascétiques.

Les hommes qui enseignent et les hommes qui prient semblent, à mon sens, avoir été fondus dans le même moule ;

Un moule qui ressemblerait à l'Ecole polytechnique, d'où sortent à la fois des ingénieurs et des militaires.

L'abbé Lemoine, c'est son nom, a vingt-huit ans. Saint-Donat est sa première cure.

Il est d'une famille aisée, et il n'est entré dans les ordres que poussé par une vocation irrésistible.

— Monsieur, me dit-il en entrant chez moi, ordinairement le curé attend la visite du maître d'école; mais je suis pressé, et je passe sur les questions d'étiquette.

Comme je le regardais avec un certain étonnement, il me dit en souriant :

— Je suis pressé de faire le bien, et c'est pour cela que je viens à vous.

— Monsieur, lui répondis-je, je lis dans vos yeux et je comprends à votre accent que nous nous entendrons facilement. Vous savez, j'en suis sûr, que je suis le mandataire d'un donateur mystérieux.

— Oui, me dit-il.

— Et peut-être avez-vous songé à la distribution de cette somme?

— Non, dit le prêtre, mais j'ai pensé qu'avec cet argent on pouvait faire beaucoup de bien, et je viens mettre à votre disposition mes faibles lumières et mon zèle.

Cette franchise me toucha.

— Monsieur le curé, répondis-je, le donateur mystérieux qui met à la disposition de la commune une somme de quarante mille francs, a approuvé quelques-unes de mes idées, mais je ne les tiendrai pour complétement raisonnables que si vous les approuvez aussi.

— Parlez, me dit-il.

Je n'avais plus affaire à un cerveau étroit, à un esprit de paysan, habitué à se heurter aux mesquines difficultés de la vie.

L'homme qui se trouvait devant moi était intelligent, et tout en lui me disait que le hasard m'envoyait un auxiliaire inattendu.

— Je lui exposai mes projets ; il m'écouta attentivement :

— Monsieur, me dit-il, tout cela est parfait; mais de même que vous êtes celui qui apporte la nourriture de l'esprit, c'est-à-dire l'instruction, je suis, moi, celui qui songe au pain de l'âme.

Je m'inclinai.

— Oh! ne craignez rien, me dit-il, je ne vous demanderai ni pour mon église, ni pour la fabrique, ni pour les pauvres. Vous avez songé à ces derniers. Mais laissez-moi vous faire une question.

— Je vous écoute, dis-je à mon tour.

— Votre idée de fonder un hospice est excellente. Mais, l'hospice établi, qui soignera les malades?

Je me pris à sourire et répondis :

— Je vous devine, monsieur le curé, et je me range à votre avis. Nous demanderons deux sœurs hospitalières. Mais pourront-elles vivre avec notre modeste budget ?

— Il est certain que c'est bien peu, fit-il, mais ces saintes filles sont un peu comme nous des apôtres qui visent à des récompenses plus hautes que celles de ce monde.

— Soit, mais encore faut-il qu'elles puissent vivre... et j'aurais bien trouvé une combinaison excellente pour le présent...

— Mais l'avenir vous effraye ?

— Je l'avoue.

— Eh bien, me dit le jeune prêtre, laissons l'avenir à Dieu, et nous qui ne sommes que des hommes, occupons-nous du présent. Que comptez-vous faire ?

— Je voulais, lui dis-je, réserver une somme de sept cent cinquante francs pour les besoins de l'instituteur primaire qui me succédera. Pendant que je serai ici, comme j'ai un léger patrimoine, je pourrai abandonner sur ce revenu environ la moitié, c'est-à-dire trois cent cinquante ou quatre cents francs. Or, en admettant que les frais de médecin, les remèdes, le chauffage, l'entretien, en un mot, des deux lits d'hôpital, absorbent la moitié des sept cent cinquante francs de revenu affectés à cette œuvre, il resterait sept ou huit cents francs pour les deux sœurs hospitalières.

— Quant à moi, me dit le jeune prêtre, j'ai comme vous le bonheur d'avoir une modeste aisance qui me vient de ma famille. J'abandonnerais au besoin tout ou partie de mon casuel.

Je lui pris la main et la serrai respectueusement.

— Est-ce convenu? me dit-il.

— Oui, sans doute, répondis-je.

— Eh bien, faisons un petit traité d'alliance, ajouta-t-il en me quittant, car je crois que nous aurons à lutter.

Je me trompais; les événements devaient triompher des hommes et amoindrir leur résistance.

CHAPITRE III

Voici la suite des aventures de M. Simonin, telles qu'il me les raconta :

Il fut question deux fois encore au conseil municipal de cette mystérieuse succession de quarante mille francs, sur laquelle chacun prélevait, en imagination, telle ou telle somme pour tel ou tel besoin qui lui paraissait le plus urgent. Mais M. Simonin demeurait impénétrable, et, fort de l'appui du curé, espérant vaincre la résistance de M. Taconey, il déclara que la somme entière aurait la destination que lui assignait le donateur.

Un jour, M. Taconey invita le maître d'école à dîner.

Mme Taconey était arrivée récemment avec

une de ses filles qui était mariée dans le Bourbonnais, et qui venait passer un mois dans sa famille avec un charmant baby blanc et rose, son unique enfant.

Mme Taconey n'avait point renoncé à son caractère despotique, et M. Taconey lui ayant fait part de ce qui se passait, et des intentions de M. Simonin, la mairesse avait jeté les hauts cris, en disant que ce n'était pas plus au maître d'école qu'au donateur à régler la destination des quarante mille francs, mais au maire seul à en fixer l'emploi.

Or, Mme Taconey tenait beaucoup à la construction d'un pont sur le canal. Elle y tenait d'autant plus qu'elle possédait une ferme sur la rive gauche et des prairies sur la rive droite, que les vaches de la ferme étaient obligées pour aller au pâturage de faire un long détour, et qu'à l'époque des fanaisons, cette absence de communications directes entraînait des pertes de temps et d'argent.

M. Simonin avait bien deviné cela quand il eut sa première entrevue avec M. Taconey, mais il n'avait point paru s'apercevoir des petits calculs intéressés du brave homme.

La mairesse reçut le maître d'école avec un front irrité.

Après le dîner, elle le prit à part et lui dit :

— Mon cher monsieur, j'ai tenu à vous voir et à vous offrir le choix entre la paix ou la guerre. Grâce à moi, vous avez paisiblement pris possession de la maison d'école, et, sans ma protection, vous n'eussiez pas tenu quarante-huit heures dans le pays.

— J'en conviens, madame, dit humblement M. Simonin.

— Mais, reprit la mairesse, si je vous ai tendu la main, c'était à la condition d'avoir en vous un auxiliaire et non point un ennemi.

— Madame, répondit M. Simonin, je ne vois vraiment pas en quoi j'ai pu vous donner une telle opinion de moi.

— J'appelle un ennemi, dit l'altière grosse femme, tout homme qui, sur la commune, se met en révolte ouverte avec mon mari.

— Evidemment, madame, répondit M. Simonin avec calme, il y a un malentendu entre nous.

— Nullement, monsieur.

— Alors, j'attends des explications.

Mme Taconey fut interrompue en ce moment-là. L'entretien commencé avait lieu dans le jardin, sous une grande charmille qui descendait par une pente douce jusqu'au canal.

M. Taconey donnant le bras à sa fille vint rejoindre le maître d'école et Mme Taconey.

Le bébé les suivait en poussant son cerceau à grands coups de baguette.

C'était un joli petit garçon de quatre ans, espiègle et tapageur, que ses grands parents idolâtraient.

Ces gens qui, au fond, étaient assez indifférents aux misères humaines et que l'avarice rendait d'une dureté sans égale, auraient donné tout leur sang et peut-être bien tout leur argent pour cet enfant.

M. Taconey était chrétien, et, par conséquent, il craignait Dieu ; mais il craignait plus encore Mme Taconey.

Un froncement de sourcil de la terrible mégère épouvantait si fort le bonhomme qu'il eût voulu disparaître à l'instant comme un personnage de féerie.

M. Taconey avait deviné l'orage qui allait tomber sur le pauvre maître d'école, et il avait hâte de s'esquiver.

— Ma bonne amie, dit-il à Mme Taconey de son ton le plus mielleux, Nathalie et moi nous allons nous promener jusqu'au bourg et te laissons avec monsieur Simonin.

— Maman, cria le bébé, pourquoi tu ne veux-t'y pas m'emmener?

— Parce que le bourg est trop loin pour tes petites jambes; tu vas rester avec ta grand'mère.

— C'est bien ennuyeux! murmura l'enfant.

Et il se remit à jouer avec son cerceau, tandis que M. Taconey s'en allait à pas de loup, charmé et ému tout à la fois d'échapper à quelque violente scène que la mégère ne manquerait pas de faire à M. Simonin.

Quand ils se trouvèrent seuls, ce fut Mme Taconey qui reprit la parole.

— Monsieur, lui dit-elle, vous êtes venu ici pour instruire les enfants et non pour vous mêler des affaires de la commune.

— Mais, madame, je ne m'en mêle en aucune façon, croyez-le bien.

— Osez-vous le soutenir! fit-elle avec une ironie mal contenue.

— Mais sans doute, madame.

— Et les quarante mille francs?

— Mais, madame, ce n'est point moi qui les donne.

— Je le pense bien.

— Je n'en ai donc pas la disposition.

— Permettez, mon cher monsieur, dit la

mairesse, qui devenait de plus en plus ironique; vous avez eu beau faire le mystérieux, je connais votre secret.

— Ah! dit M. Simonin qui tressaillit.

— Je connais le donateur.

— Vous le connaissez?

— Oui, c'est cet imbécile de père Raynouard dont vous avez dépendu le fils et à qui vous avez tourné la tête; car enfin, s'il avait tout son bon sens, il ne s'amuserait pas à jeter quarante mille francs dans le ruisseau.

M. Simonin sourit.

— Alors, madame, dit-il, ne trouvez pas étrange que M. Raynouard veuille employer cet argent à son idée.

— Voilà précisément ce que je ne veux pas!

— Mais, madame...

— Est-ce que nous avons besoin d'un hospice? et d'un four banal, et d'une boulangerie? Ce qu'il nous faut, c'est un pont sur le canal.

M. Simonin demeurait impassible.

— Mais va-t'en donc! fit Mme Taconey en repoussant avec impatience l'enfant qui s'était rapproché d'elle.

L'enfant se remit à courir après son cerceau,

suivant toujours la pente inclinée de la charmille et descendant vers le canal.

Mme Taconey reprit :

— Je vous ai donc fait venir, monsieur, pour voir si nous pourrions nous entendre.

— En vérité! madame, répliqua M. Simonin, je ne sais ce que vous attendez de moi.

— Je veux que vous décidiez M. Raynouard à mettre l'argent à la disposition de la commune qui l'emploiera comme elle l'entendra.

— C'est impossible, madame.

— Eh bien, on l'y décidera sans vous. Je lui ferai plutôt des procès à cet imbécile. Nous sommes voisins partout; ses troupeaux passent sur nos champs; ses fermiers braconnent...

— Madame, reprit M. Simonin qui était toujours calme et respectueux, je vous préviens loyalement que je ferai tous mes efforts pour que M. Raynouard persiste dans ses intentions.

— Ah! vous en convenez?

— Oui, madame.

— C'est donc la guerre que vous voulez? Eh bien, fit Mme Taconey, on la fera, et si d'ici à un mois vous avez encore un écolier, vous aurez une fière chance.

M. Simonin, après ces paroles, salua Mme Taconey et fit un pas de retraite, mais elle le retint.

— Un mot encore, dit-elle; voulez-vous transiger?

L'enfant continuait à descendre vers le canal et il accélérait sa course à mesure que le cerceau qui roulait devant lui allait plus vite, harcelé par la baguette.

On était alors à la fin d'août et il était encore jour, bien que huit heures vinssent de sonner.

— Transiger? dit M. Simonin avec étonnement.

— Oui, transiger.

— Je ne vous comprends pas, madame.

— Alors, écoutez. Vous tenez aux quinze mille francs pour l'école?

— C'est l'intention de M. Raynouard.

— Soit, mais vous y tenez?

— Dire le contraire serait mentir.

— Eh bien, décidez M. Raynouard à faire le pont, et je vous accorde les quinze mille francs.

M. Simonin fit un nouveau pas en arrière.

— Vous me connaissez mal, madame, dit-il; et pour la seconde fois il la salua.

Mais, comme il allait se retirer, il entendit un cri.

Un cri d'effroi, de détresse...

Un cri qui fit subitement pâlir Mme Taconey dont le visage était empourpré jusque-là.

L'enfant, en chassant son cerceau, était arrivé au bout de la charmille, et son élan avait été tel qu'il n'avait pu se retenir et était tombé dans le canal.

CHAPITRE IV

Les vrais drames sont dans la vie réelle.

Celui qui se déroula alors ne dura que quelques minutes, mais il fut solennel et terrible.

Mme Taconey était petite, très-grosse et d'une nature apoplectique.

Le cri poussé par l'enfant suffit pour lui faire affluer au cœur tout ce qu'elle avait de sang dans les veines.

En même temps elle fut comme paralysée et frappée d'un mutisme subit.

Son regard seul sut conserver une éloquence inouïe.

Ce regard implora M. Simonin ; mais déjà le jeune homme avait dépouillé son habit, courait vers le canal et s'y précipitait.

Quant à Mme Taconey, elle se traîna plutôt qu'elle ne courut sur ses pas.

Cette femme, d'une âpre énergie et d'une indomptable volonté, venait d'être subitement frappée d'une sorte d'atonie physique et morale.

Le seul point vulnérable de son cœur avait été touché.

M. Simonin n'avait mis bas que sa redingote, il avait gardé ses autres vêtements et s'était bravement jeté à l'eau.

Mais déjà l'enfant avait disparu.

Juste en face de la charmille, il y avait une espèce de tourbillon formé par un trou qui avait été autrefois, avant qu'on ne creusât le canal, une carrière de pierre à bâtir.

Ce tourbillon, trop étroit dans son diamètre pour arrêter les barques et les chalands chargés de vin ou de charbon, était cependant assez large pour triompher d'un nageur sur l'eau.

Il avait pris le pauvre enfant et l'avait englouti.

Deux fois M. Simonin plongea ; deux fois il revint à la surface sans avoir retrouvé l'enfant.

Comme il reparaissait au-dessus de l'eau

pour la seconde fois, Mme Taconey arrivait sur le bord.

— Ah! lui cria-t-elle, je ferai ce que vous voudrez, mais sauvez... sauvez mon enfant!...

M. Simonin plongea pour la troisième fois.

Et Mme Taconey, haletante, sans voix, le vit reparaître tenant l'enfant d'une main et luttant de l'autre contre le tourbillon.

Elle jeta un cri...

Un cri de joie qui fut presque aussitôt suivi d'un cri de suprême angoisse.

Le tourbillon avait repris la victime et son sauveur.

Les quelques secondes qui s'écoulèrent alors furent pour Mme Taconey un véritable siècle d'angoisses.

Elle tomba à genoux, l'œil fixé sur le gouffre qui bouillonnait, les mains levées vers le ciel.

Mais, comme si le ciel eût exaucé sa prière muette, M. Simonin reparut.

Il tenait toujours l'enfant dans ses bras et il nageait vigoureusement.

— Sauvez-le, mon Dieu! sauvez-les! murmura la malheureuse femme d'une voix éteinte.

Mais déjà M. Simonin avait atteint le bord,

s'accrochait à une touffe d'herbes et, par un suprême effort, lançait l'enfant sur la berge. Puis il s'y hissait péniblement à son tour, car ses forces étaient épuisées.

L'enfant était évanoui et comme mort.

Mme Taconey se précipita sur lui et l'emporta.

Elle avait retrouvé ses forces et cette âpre énergie bien connue des habitants de Saint-Donat.

Elle se prit à courir vers la maison, appelant au secours, serrant le pauvre petit noyé dans ses bras.

M. Simonin avait peine à la suivre.

Les domestiques accoururent. Mme Taconey poussait des cris et disait :

— Il est mort! il est mort!

—Madame, lui dit M. Simonin, il ne s'agit pas de perdre la tête, il faut sauver cet enfant.

Et tout ruisselant, épuisé de fatigue, il ne songea qu'à ranimer le petit noyé.

Tous les soins employés d'ordinaire pour les asphyxiés furent mis en œuvre.

On coucha l'enfant dans un lit bien chaud, on lui fit des frictions sur la poitrine, on imbiba ses tempes, ses lèvres et ses narines de vinaigre.

Le cœur battait à peine, mais il battait.

Pendant tout ce temps, M. Taconey était arrivé avec sa fille, qui se trouva mal.

Ce ne fut qu'au bout d'une heure que l'enfant revint à la vie; mais, pendant cette heure, on avait pu apprécier le dévouement de M. Simonin.

— Ah! lui dit Mme Taconey, vous êtes notre sauveur, et notre reconnaissance sera sans bornes.

Le lendemain matin, M. Simonin était dans son jardin un peu avant huit heures, attendant ses écoliers, lorsque M. Taconey arriva.

Le maire était bien changé depuis la veille; il avait passé par de telles angoisses que son visage encore pâle avait quelque chose de dévasté.

Il prit la main du maître d'école et la serra silencieusement; il avait des larmes dans les yeux.

— Eh bien, dit M. Simonin, comment va l'enfant?

— Il est tout à fait bien ce matin, répondit M. Taconey.

— Vous ferez bien, dit simplement le maître d'école, de faire placer une barrière ou tout au moins une haie au bout de votre charmille.

— Je ferai faire un mur, répondit le maire.

— Cela vaudrait mieux encore.

— Mais, dit M. Taconey, je viens pour vous remercier, et ma femme et moi sommes à votre disposition. Ce que vous demanderez, nous le ferons.

M. Simonin sourit.

— Alors vous ne me ferez plus d'opposition? dit-il.

— Oh! non.

— Le conseil municipal acceptera les quarante mille francs?

— Oui.

— Et les intentions du donateur seront respectées?

— Tout ce que vous voudrez.

— Eh bien, dit M. Simonin en riant, je veux mon hospice, mon four, ma boulangerie, ma rente pour l'école... et puis...

— Mais il ne vous restera plus rien.

— Non, et cependant je veux encore autre chose.

— Quoi donc?

— Un pont sur le canal.

M. Taconey ouvrit de grands yeux. M. Simonin n'avait-il pas combattu ce projet la veille?

Le maître d'école continua :

— Un pont qui coûtera une dizaine de mille francs.

— Mais où les prendrez-vous ?

— Attendez, et écoutez-moi. Vos prairies sont sur la droite, et votre ferme de la Perrière sur la gauche ?

— Oui.

— Ne croyez-vous pas que chaque année, à la rentrée des fourrages, la nécessité de faire passer vos faneurs par le bourg ne vous entraîne pas une perte de temps et d'argent ?

— C'est assez vrai, cela.

— Eh bien, vous sacrifierez dix mille francs, et vous trouverez dans cet avantage l'intérêt de votre argent.

— C'est vrai ce que vous dites là, dit M. Taconey ; mais ce pont sera usager à toute la commune ?

— Oui.

— Mais... alors... il me semble... que la commune...

— Monsieur le maire, dit froidement M. Simonin, si, hier, quand au péril de ma vie j'arrachais votre enfant à une mort certaine, je vous avais demandé dix mille francs, me les auriez-vous refusés ?

M. Taconey rougit et le vieil homme s'effaça :

— Vous avez raison, dit-il, je construirai le pont à mes frais.

Ce fut ainsi que les projets de M. Simonin furent mis à exécution. Mais le jeune maître d'école n'était pas au bout de ses tribulations.

CHAPITRE V

Les choses marchaient donc à souhait lorsque j'étais arrivé à Saint-Donat.

Le maire avait consenti à faire le pont, le conseil municipal s'était engagé à respecter les intentions du donateur en acceptant les quarante mille francs, l'hospice était presque achevé, on construisait le four et la boulangerie. Jamais M. Simonin n'avait eu plus d'écoliers.

Cependant le jeune maître était devenu pensif et parfois distrait.

Malgré sa liaison avec M. Raynouard, il n'allait que fort rarement au château de la Rousselière, et on me dit qu'il cherchait des prétextes pour refuser toute invitation de l'avare devenu généreux.

C'est que M. Simonin avait trente ans à peine, que son cœur avait été muet jusque-là et que, peut-être, son cœur commençait à parler.

Le hasard me mit en possession de ce secret, et d'une façon toute romanesque, un jour que j'étais à la chasse sans autre compagnon que mon chien d'arrêt.

Dans le centre de la France, les costumes nationaux ont disparu. La blouse, le hideux bourgeron bleu, la robe d'indienne et le bonnet plat remplacent tout ce que les autres provinces peuvent avoir conservé de pittoresque, depuis la large braye et la veste bleue toute brodée des bas Bretons, jusqu'à la coiffure des Bressanes qui ressemble à la cheminée d'un bateau à vapeur, au corsage rouge des filles d'Alsace et au foulard qui enveloppe les épais cheveux noirs de la Bayonnaise au beau rire armé de dents blanches.

Entre Nevers, qui est une ville d'un certain cachet, et la Touraine pittoresque, les bords de la Loire sont laids et le costume des habitants s'en ressent.

Le paysan est partout vêtu la même chose ; le bourgeois, très-préoccupé de tenir son rang et de se faire respecter, se promène en plein champ avec une redingote, un chapeau tuyau de poêle et des gants de filoselle noire.

Le gentilhomme, le Parisien qui y passe l'été, s'habille de blanc ou de velours, met des guêtres et de gros souliers, un chapeau de paille, et ne se préoccupe pas de tracer une démarcation infranchissable entre le paysan et lui.

D'ailleurs, en ce pays, ce qu'on appelle le bourgeois est une manière de paysan enrichi dont le père ou le grand-père a tenu la bêche et conduit la charrue; mais comme on l'a envoyé au collége et qu'il est reçu avocat, il demeure vêtu de noir, a une sainte horreur de ce qu'il appelle les subalternes, envoie ses domestiques malades à l'hospice, et exige qu'on le salue d'autant plus bas qu'il a plus d'écus.

Il trouve même que ce qu'il appelle la noblesse est d'une familiarité coupable avec les paysans et ne les tient pas assez dans le respect.

Le gentleman, l'homme bien élevé, dans ce pays-là, gentilhomme ou non, a une action de forêt, des chiens courants et des chevaux.

Le bourgeois pur sang chasse en plaine, monte dans les voitures publiques et se prive d'avoir un tilbury parce qu'il serait obligé d'entretenir un domestique mâle.

On pourrait dire encore qu'il y a le chasseur de bois et le chasseur de plaine.

Gentilhomme ou gentleman est le premier, bourgeois le second.

Ce dernier, quand il prend un fusil, se souvient de son origine; il dépouille sa longue redingote, et reprend la blouse de ses pères et leur casquette de loutre.

Il ne croit pas au fusil à cartouche, et prétend que *ça ne porte pas*; mais la vérité est qu'il trouve que la cartouche est beaucoup trop chère à dix-huit francs le cent.

Le plus luxueux a un chien d'arrêt; mais bon nombre s'en passent et s'exercent à connaître les remises de perdreaux et à deviner la présence d'un lièvre au milieu d'un guéret à ce mince filet de vapeur qui monte, le matin, dans l'air froid de décembre.

Cette année-là l'automne ressemblait à l'hiver. Il gelait très-fort, et nous ne pouvions guère chasser avant six heures du matin.

Les deux amis de Paris qui étaient avec moi faisaient chaque matin une pointe sur les terres communales avant d'entrer en forêt, espérant débuter par des perdreaux avant d'attaquer un renard ou un chevreuil.

Mais la perdrix grise, en octobre, a déjà *piqué le vert*, et elle part hors de portée.

Cependant, l'un de mes deux amis, M. Charles de L..., me dit un jour :

— Voilà qui est bien étonnant! Eugène et moi nous ne pouvons tuer un perdreau, et il y a une espèce de drôle qui, avant midi, a son sac plein tous les jours.

— A-t-il un chien?

— Non; il tourne, il retourne, et le plus souvent il les tue par terre.

— Et comment est-il, ce chasseur? demandai-je en riant.

— C'est un garçon de trente ans.

— Après?

— Barbe rousse, figure commune, blouse rapiécée, de mauvaises guêtres de toile, fusil à piston et à crosse française, bourrant avec du papier et chargeant très-fort.

— Le portrait est joli, dis-je à Charles de L.... Eh bien, sais-tu quel est ce bonhomme-là?

— Ma foi, non! mais quelque fermier des environs, je suppose.

— Point du tout, c'est un jeune notaire.

— Eh !

— Il a bien trois cent mille francs à lui, et il est en marché pour l'étude du Tilleul, où, du reste, il demeure.

— Il n'a pas l'air très-sociable, me dit Eugène, mais il tue beaucoup de perdreaux, et il tire comme un vrai braconnier.

— Ce qui ne l'empêche pas, répondis-je, de manquer un chevreuil à vingt pas.

Le lendemain, nous étions en forêt, et nos briquets avaient fait défaut sur une chevrette et son faon.

Nous cherchions à relever le défaut, lorsque nous entendîmes, sur la lisière, deux coups de feu.

— Bon, dit Charles, je reconnais la petite pièce d'artillerie du futur notaire.

Un garde accourut et nous dit :

— Votre chevrette a été tirée par M. Beaudoin.— C'était le nom de l'homme à la barbe rousse. — Est-il avec vous?

— Non, répondis-je.

— Faut-il lui faire un procès, car il n'a pas d'action?

— A-t-il tué la chevrette?

— Non; il l'a manquée à dix pas, en plein travers.

Je me retournai vers Charles de L...

— Eh bien, lui dis-je, avais-je raison hier?

Nous appelâmes les chiens qui avaient mis bas au bord d'une mare, et, suivant les indications du garde, nous remontâmes vers la lisière pour les remettre sur la voie, à l'endroit même où M. Beaudoin avait tiré la chevrette.

Le futur notaire était tranquillement assis dans le fossé, fumant sa pipe.

Il nous vit et eut un sourire narquois :

— Vous avez peut-être bien cru, nous dit-il, que j'étais sur votre *triage*, mais il n'en est rien... Je n'ai pas quitté les terres.

— Cependant, répliquai-je d'un ton sec, vous avez tiré devant nos chiens.

— Le vent est du bas, je ne les entendais pas... et puis, est-ce que je sais tout ça, moi? dit-il d'un air insolent.

— Mais, monsieur, lui dit Charles qui commençait à perdre patience, vous n'êtes pas de Saint-Donat?

— Non.

— Et vous chassez sur la commune.

— Puisque la chasse n'est pas gardée! Du reste, acheva-t-il, comme je vais épouser

Mlle Raynouard, j'en aurai plus que vous, des terres sur la commune.

— Je vous en fais mon compliment, répondis-je, et j'attendrai que vous soyez notaire pour vous donner une leçon de politesse.

Sur ces mots, nous tournâmes le dos au chasseur à barbe rouge et rentrâmes sous bois, car les chiens avaient *empaumé* la voie de nouveau.

Une chose me préoccupait, le mariage de Mlle Raynouard et de M. Beaudoin.

CHAPITRE VI

Le lendemain, mes deux amis, bien que chasseurs intrépides, me firent dire qu'ils dormiraient la grasse matinée et que j'eusse à ne pas compter sur eux.

Les chiens courants avaient chassé tous les jours depuis la semaine précédente, tandis que mon chien d'arrêt était frais et dispos.

Et comme rien n'est frivole de tout ce qui intéresse la vie à la campagne, je vais demander la permission de faire son portrait.

Agah est le fils de Pacha.

Mais qu'était-ce que Pacha?

J'ai possédé dans mon extrême jeunesse un superbe *setter* écossais qui faisait l'admiration des Parisiens, avec sa robe noire, ses taches de feu, ses airs indolents et majestueux, et mon désespoir quand je le menais à la chasse, car huit fois sur dix je rentrais *bredouille* avec lui. Il allait me lever un lièvre à cinq cents mètres, le poussait vigoureusement au bois ou à la vigne, et s'arrangeait de telle manière que je ne pouvais jamais le tirer.

Quant aux perdreaux, ils partaient de si loin, grâce à maître Ebène, que c'est à peine si je les entendais.

Cela dura jusqu'au jour où, m'étant fait une raison, je remplaçai le bel insulaire par un vieux braque de Vendée, marron et blanc, qui a laissé des souvenirs homériques dans toute la basse Bourgogne et une lignée illustre partout où il a passé.

Ce braque se nommait Pacha.

En 1855, il y avait en basse Bourgogne deux chiens d'arrêt qu'on tenait pour les meilleurs chiens de la contrée, Pacha et une chienne griffonne de race africaine qui appartenait à M. F..., et répondait au nom de *Jeanne*.

Bien que Pacha fût un poil ras, au nez double, M. F... me fit offrir pour lui la main de *Jeanne*. De cette union bizarre d'un braque et d'une griffonne naquit Agah.

Il a les formes vigoureuses, l'encolure épaisse,

la tête carrée du braque, mais le poil rugueux, quoique un peu plus court des griffons.

C'est un très-bon chien, broussailleur, braconnier rusé et brave.

C'est surtout un chien intelligent et causeur qui, pendant une halte, au pied d'un arbre, s'asseoit devant moi et me tient, en son langage, de fort longs discours que je comprends très-bien.

Or donc, ce jour-là, je trouvai Agah sur le perron, remuant son bout de queue, dressant l'oreille et me disant en son langage qu'il était temps de laisser reposer les bassets et de faire quelque cas de ses mérites. Les faisans sont rares en notre forêt, mais enfin on en trouve quelquefois, et j'avais connaissance depuis la veille d'une compagnie qui s'était établie dans un gros buisson, sur la lisière.

J'emmenai donc Agah, et comme je me dirigeais vers la forêt, j'aperçus devant moi un homme qui cheminait d'un pas alerte.

Je reconnus M. Simonin.

Il était huit heures du matin, nous étions à la fin d'octobre, et c'était le moment où le maître d'école a le plus d'écoliers.

Où allait-il?

Pour quel motif, au lieu de faire sa classe

comme à l'ordinaire, s'éloignait-il de Saint-Donat?

Je hâtai le pas et le rejoignis un peu avant la forêt.

— Où donc allez-vous ? lui demandai-je.

Je m'aperçus qu'il était un peu ému.

— Ma foi, me répondit-il, je venais de commencer ma classe, quand un de mes écoliers m'a donné, avec le calme naïf des paysans, la nouvelle que son père avait été mordu par une vipère noire.

— Quand cela ? demandai-je.

— Voici, me dit M. Simonin, ce qu'il m'a raconté : Il paraît que la mère Wattais...

— Ah ! c'est Wattais, le fermier de la Rousselière?

— Précisément. Or donc, hier, la mère Wattais a jeté dans la cuisine de la ferme une bourrée de bois vert.

Ce matin, avant le jour, le père Wattais a allumé le feu, et en prenant des brindilles de menu bois dans la bourrée, il a été mordu.

La vipère noire avait été ramassée avec la bourrée, et comme elle était engourdie, la fermière ne l'avait point remarquée.

Mais avec la chaleur du feu, elle s'est réveillée, et le pauvre fermier a été sa victime.

— Eh bien, qu'a-t-il fait?

— Il n'a rien fait du tout, m'a dit son fils, si ce n'est qu'il s'est lavé avec de l'eau de puits et a mis autour de son poignet un morceau de toile.

— L'imbécile!

— Vous comprenez, reprit M. Simonin, que lorsque j'ai appris cela, je me suis empressé d'envoyer le petit Wattais au Tilleul chercher un médecin, et que moi-même, je me suis mis en route pour la Rousselière avec un flacon d'alcali dans ma poche.

— Je crains bien, lui dis-je, qu'il ne soit déjà trop tard.

Et j'offris à M. Simonin de l'accompagner.

Dix minutes après, nous arrivâmes à la Rousselière.

Le père Wattais, qui tout d'abord n'avait pas attaché grande importance à sa situation, commençait à s'en inquiéter; quand nous arrivâmes, son bras enflait à vue d'œil et il éprouvait une vive douleur.

La vipère qu'il avait écrasée avec son sabot gisait encore dans un coin.

Je l'examinai et reconnus ce dangereux reptile moucheté de blanc, de jaune et de noir, à tête triangulaire, si commun dans la forêt de

Fontainebleau, et dont la morsure devient mortelle au bout de quelques heures.

— Père Wattais, dit M. Simonin au fermier surpris de nous voir entrer chez lui, il ne s'agit pas de discuter et de vous défendre; si vous ne me laissez faire, en attendant que le médecin vienne, vous êtes un homme mort avant ce soir.

— Ah ! mon cher monsieur, croyez-vous bien ça? dit le fermier un peu ému.

M. Simonin releva le chiffon de toile, mit à nu la morsure et le bras qui était déjà très-enflé et secoua la tête :

— Il y a plus d'une heure que vous auriez dû faire vous-même ce que je vais vous faire, dit-il.

Nous commençâmes par lier fortement le bras au-dessus de l'enflure, avec un mouchoir que nous donna la mère Wattais qui s'était mise à pleurer. Puis, la ligature opérée, M. Simonin fit rougir à blanc un long clou.

— Est-ce que vous allez me brûler? demanda le fermier avec une sorte d'effroi.

— Préférez-vous mourir ?

L'accent de M. Simonin était si convaincu que le fermier eut peur et tendit son bras, que je pris et tins fortement.

M. Simonin s'empara du clou et cautérisa la plaie, qui était déjà toute noire.

Le fermier se mit à crier en voyant sa chair fumer, plutôt d'épouvante que de douleur, car le fer était chauffé à blanc.

Mais je lui tenais le bras, et j'ai le poignet solide.

Quand ce fut fini, le maître d'école versa de l'alcali sur la plaie et la lava.

Puis il posa dessus un autre morceau de toile également imbibé d'alcali, et, toujours inquiets, nous attendîmes le médecin.

Ce dernier arriva enfin, escorté par le fils Wattais.

L'anxiété du fermier et de sa femme était au comble.

Le médecin examina la morsure cautérisée et lavée, l'enflure du bras, puis la vipère, et nous dit ces seuls mots :

— Il était temps!

En effet, une heure de plus, et le fermier était mort.

— Ah! mon cher monsieur, dit la fermière qui se jeta sur les deux mains du maître d'école et les baisa, vous êtes notre providence à tous dans ce pays!

— Je fais ce que je peux, dit-il modestement.

Puis, me regardant, il ajouta vivement :

— Maintenant, permettez-moi d'aller faire ma classe.

Je sortis avec lui de la ferme.

— Comment, lui dis-je, vous n'allez pas souhaiter le bonjour à M. Raynouard ?

— Non, me dit-il brusquement, ma classe d'abord.

— Mais, à propos, repris-je, comme nous franchissions le seuil de la cour, avez-vous entendu parler du prochain mariage ?

— Quel mariage ? fit-il en pâlissant.

— Du mariage de Mlle Raynouard.

— Non, me dit-il.

Et il me sembla que sa voix était étranglée.

— Vraiment ?

— Avec qui donc se marie-t-elle ?

— Avec M. Beaudoin, le futur notaire du Tilleul.

Sa pâleur devint livide, je le vis trembler.

— Ah ! me dit-il...

Puis il me salua brusquement et s'en alla en disant :

— Pardon, mais j'ai ma classe à faire...

J'avais le secret de M. Simonin.

M. Simonin s'était, comme les papillons, brûlé à la flamme.

Il aimait Mlle Raynouard, et peut-être en ce moment venait-il de se l'avouer pour la première fois.

CHAPITRE VII

M. Simonin m'avait laissé si brusquement que je ne pouvais me méprendre un seul instant sur ce qui venait de se passer en lui.

Evidemment M. Simonin ne savait rien de ce projet de mariage; évidemment aussi il aimait Mlle Raynouard, et je venais, sans le vouloir, de le frapper au cœur d'un véritable coup de poignard.

Je n'avais vu qu'une fois Mlle Raynouard et ne l'avais pas remarquée.

Cependant je croyais me souvenir que c'était une grande fille assez jolie, aux yeux noirs, aux cheveux châtains, un peu sauvage d'habitude et d'une simplicité de mise qui accusait sa vie retirée et les habitudes parcimonieuses de son père.

L'envie me vint de la voir de plus près et de me rendre compte des ravages qu'elle avait pu exercer dans le cœur du jeune maître d'école.

Je n'essayai donc point de courir après celui-ci ou de le rappeler ; et, revenant sur mes pas, je rentrai dans la ferme. Ma conduite était fort naturelle en apparence ; après avoir reconduit un bout de chemin M. Simonin, je revenais faire moi-même quelques recommandations au père Wattais touchant sa situation.

Le médecin était parti, et bien qu'il eût répondu de la vie du fermier et assuré que la plaie avait été cautérisée à temps, le père Wattais était fort inquiet.

Je le rassurai à mon tour et je lui citai de nombreux exemples de gens qui s'étaient trouvés dans sa situation et s'en étaient heureusement tirés.

— Seulement, ajoutai-je, il n'est pas permis vraiment qu'un homme de votre âge, qui a été bûcheron et a passé toute sa vie en forêt, ignore combien est dangereuse la morsure d'une vipère.

— Ah ! me dit-il naïvement, on s'y perd dans tout cela. Les uns disent que c'est la couleuvre qui est venimeuse, les autres la vipère. S'il fallait savoir tout cela au juste, on passerait sa vie à l'école.

Comme il me disait cette niaiserie qui me faisait sourire, la porte de la ferme s'ouvrit, et la mère Wattais rentra en disant :

— Voici la demoiselle qui te vient voir, not' homme.

J'étais servi à souhait, ni plus ni moins qu'un personnage de roman.

Mlle Raynouard était accourue aussitôt qu'elle avait appris l'accident arrivé à son fermier, et elle n'avait eu besoin pour cela que de franchir le seuil de la petite porte à claire-voie qui mettait en communication la cour du château et celle de la ferme.

Elle fit peu d'attention à moi tout d'abord, et ne s'occupa que de son fermier.

Cette circonstance me permit de l'examiner tout à mon aise.

C'était une grande jeune fille, mise sans la moindre prétention, mais avec une simplicité exquise.

Elle avait, chose rare chez les gens qui manquent d'origine, de jolies mains et d'adorables petits pieds.

Ses longs et beaux cheveux bruns étaient

roulés en torsades sur les deux côtés de son front large et saillant. Elle avait la peau un peu hâlée par le grand air des champs, mais son teint était d'une fraîcheur parfaite. Quand elle souriait, elle montrait de belles dents blanches et régulières, et son regard un peu mélancolique avait perdu cette expression de sauvagerie que j'avais remarquée autrefois.

Elle s'aperçut enfin de ma présence et me salua avec un certain étonnement.

— Pardonnez-moi, mademoiselle, lui dis-je, j'ai rencontré M. Simonin qui accourait ici en toute hâte.

Au nom de M. Simonin, ses joues s'empourprèrent.

J'étais fixé. M. Simonin aimait Marie Raynouard et Marie Raynouard l'aimait.

Qu'était-ce donc que ce mariage dont il était question?

— Oh! me dit-elle, vous connaissez M. Simonin, monsieur?

— Oui, mademoiselle.

Elle s'enhardit et ajouta :

— Si vous le voyez, monsieur, dites-lui donc que mon père est très-étonné qu'il ne vienne pas nous voir plus souvent.

Je m'inclinai, et comme elle allait sortir, la

curiosité me poussant, je me hâtai de lui dire :

— Serait-il possible, mademoiselle, de voir M. votre père?

— Est-ce que vous avez quelque affaire avec lui? me demanda-t-elle naïvement.

— Je voudrais louer le droit de chasse sur ses bois et ses terres, car je crois que M. votre père ne chasse plus.

— Oh! non, monsieur.

— Alors pensez-vous que l'affaire puisse se conclure?

— Mais, monsieur, me dit-elle, je crois que mon père fera tout ce que vous voudrez, et si vous voulez venir avec moi....

— Volontiers, mademoiselle.

Et je la suivis, faisant cette réflexion :

Evidemment, si le mariage de Mlle Raynouard était décidé, elle m'aurait répondu que la chasse n'était pas à louer, son futur mari étant lui-même chasseur. Donc ce mariage n'est encore qu'à l'état de projet, et même elle n'en sait absolument rien.

Je vis fort peu, à la campagne, avec mes voisins; je préfère à leur société et à leurs idées étroites la société des paysans, avec lesquels on a toujours quelque chose à apprendre.

Je ne connaissais donc M. Raynouard que de vue. Nous le trouvâmes dans le potager, occupé à vérifier les greffes du maître d'école, qui, presque toutes, avaient réussi. C'était un homme commun, et que trente années d'avarice sordide avaient plié à une politesse obséquieuse.

Marie Raynouard me présenta, exposa le but de ma visite, et me laissa seul avec son père.

— Mon cher monsieur, me dit alors M. Raynouard, je ne puis pas vous louer ma chasse, mais je vous donne de grand cœur, jusqu'à nouvel ordre, la permission de chasser.

— Mais, monsieur, lui dis-je, il m'est impossible d'accepter cette offre gracieuse.

— Ah! c'est que je vais vous dire, reprit-il, j'ai l'intention de marier ma fille.

— Ah! fis-je, jouant la surprise.

— Ma foi, pour vous parler franc, continua-t-il, elle n'en sait rien encore, et moi-même, il y a huit jours, je ne m'en doutais guère.

— Vraiment?

— Entre nous, reprit-il, il n'y a encore rien de décidé. Mais voici la chose, et vous devez être un homme de bon conseil; est-ce que vous connaissez le fils Beaudoin?

— De nom et de vue.

— C'est un garçon qui a des moyens et une belle fortune pour nos pays. Il va être notaire, c'est un bel état. Il est venu ici, voilà trois jours, et il m'a proposé l'affaire tout bellement.

— Et vous avez accepté?

— A peu près. Je sais bien que ma fille est plus riche que lui, et qu'en cherchant bien je trouverais quelque noble malaisé dans les environs; mais il me mépriserait quand il serait mon gendre, et je n'aime pas ça. Le fils Beaudoin, au contraire, c'est rien du tout comme rang. Son père était marchand de toile à Jargeau. Il ne sera pas fier.

— Mais, lui dis-je, avez-vous consulté votre fille?

— Non. Je ne lui en ai pas parlé. C'est inutile de faire trotter sa cervelle par avance. Mais ça lui conviendra bien sûr.

— Vous croyez?

— Dame! ça flatte toujours une femme d'épouser un notaire.

Je me mordis les lèvres pour ne pas rire, et j'ajoutai ensuite fort sérieusement :

— C'est égal, mon cher voisin, prenez conseil de votre fille, et si ça ne lui convenait pas...

— Ah! me dit le vieillard avec une émotion subite, si elle n'en veut pas, elle ne le prendra pas, la chère petiote, quoique ce soit un bon parti tout de même. Mais depuis que mon fils a voulu se périr, j'ai bien fait le serment de ne jamais contrarier mes enfants.

Je bornai là ma visite et me retirai.

Huit jours s'écoulèrent.

M. Simonin semblait m'éviter, et un jour que j'allais au bourg, je rencontrai Marie Raynouard.

Elle était toute pâle et me salua avec tristesse.

Le soir même j'appris qu'il était très-fort question de son mariage avec M. Beaudoin.

Alors je me fis ce raisonnement :

— J'ai bien écrit cent volumes de roman. Dans tous ou presque tous, il y a, comme cela doit être, une héroïne persécutée jusqu'à la dernière page, où le lecteur, quand il veut bien aller jusque-là, trouve les persécuteurs punis, la vertu récompensée et l'héroïne mariée à l'homme qu'elle aime. C'est bien le moins qu'après tant de dénoûments imaginaires, je cherche à mener à bonne fin un dénoûment réel.

Sur ce, je me fis à moi-même le serment de rompre le mariage de Marie Raynouard avec ce rustre de Beaudoin et de ramener l'espérance dans le cœur endolori de notre jeune maître d'école.

CHAPITRE VIII

Mes amis étaient partis; j'étais tout seul aux *Charmilles* et j'avais tout mon temps à moi.

Rompre le mariage projeté n'était peut-être pas chose facile, et il ne fallait pas agir à la légère.

Je retournai donc chez M. Raynouard.

Le bonhomme avait eu un léger accès de goutte et il gardait la chambre.

Marie Raynouard me salua avec embarras et je retrouvai dans son regard ce rayonnement indécis et sauvage qui m'avait frappé autrefois.

M. Raynouard me dit en me voyant :

— Vous venez pour ma chasse, n'est-ce pas?

— Oui, répondis-je en regardant Marie.

Marie évitait mon regard, et je m'aperçus qu'elle était fort pâle.

— Ah! mon bon monsieur, reprit le vieillard, c'est décidé, le mariage se fait le mois prochain; il ne faut pas que je commence par être désagréable à mon gendre, il tient beaucoup à la chasse, lui.

— Vraiment, fis-je en regardant toujours Marie, vous mariez mademoiselle votre fille?

— Oui, nous nous sommes donné parole, M. Beaudoin et moi.

— C'est un fort brave homme, dis-je à tout hasard.

La jeune fille devint encore plus pâle, mais elle ne dit pas un mot et ne fit pas un geste.

— Alors, c'est tout à fait décidé?

— Oui, nous signons le contrat dimanche prochain.

— Et mademoiselle est sans doute bien heureuse?

— Je suis heureuse d'obéir à mon père, dit-elle.

Sa voix était sourde, et je vis trembler une larme à l'extrémité de ses longs cils bruns.

— Dame! voyez-vous, reprit M. Raynouard, je me fais vieux; je pourrais bien m'en aller un de ces matins, et il ne faut pas qu'elle reste seule.

— Mon père a raison, fit la jeune fille avec l'accent résigné d'une victime.

Mais M. Raynouard était peu clairvoyant, et il n'avait pas assez d'intelligence pour deviner que cette résignation apparente de sa fille cachait un morne désespoir.

— Vous nous ferez beaucoup d'honneur d'assister à notre contrat, reprit M. Raynouard.

— Volontiers, lui dis-je.

— Mon gendre, reprit-il, est un bon enfant; je suis sûr que vous vous entendrez touchant la chasse.

— Moi aussi, répondis-je.

Et je bornai là ma visite.

M. Raynouard était cloué dans son fauteuil, mais sa fille me reconduisit.

Comme elle me faisait traverser le jardin, je lui dis vivement:

— Mademoiselle, pardonnez-moi, mais je suis si fort votre ami que je vais vous faire une étrange question.

Elle tressaillit et s'arrêta toute tremblante.

Je lus dans ses yeux une horrible angoisse.

— Vous aimez donc M. Beaudoin? lui dis-je.

— Je l'aimerai, dit-elle, puisqu'il doit être mon mari...

— Vous essayeriez vainement de me tromper, repris-je avec vivacité.

— Et pourquoi vous tromperais-je? fit-elle avec une froide dignité.

— Vous n'aimez pas M. Beaudoin.

— Je m'efforcerai de l'aimer.

— Mais je suis convaincu, moi, que cet homme vous fait horreur.

— Monsieur.... me dit-elle avec l'accent de la prière.

J'osai lui prendre la main, et je lui dis encore :

— J'avais pourtant donné un bon conseil à votre père.

Elle leva sur moi ses yeux pleins de larmes.

— Et il m'avait promis de le suivre.

— Ah ! fit-elle.

— Je lui avais conseillé de vous laisser libre dans votre choix et de ne point disposer de votre main sans vous consulter.

— Mais, me dit-elle avec émotion, mon père m'a consultée, monsieur.

— Et il vous a laissée libre?

— Oui.

— Me jureriez-vous que vous allez vous marier de bon cœur?

— Non, me dit-elle, émue.

— Alors, pourquoi n'avez-vous point résisté?

Je lui tenais toujours la main. Elle me la retira vivement et me dit :

— C'est mon secret, monsieur.

Puis elle me salua avec cette froideur contenue qu'elle avait un moment oubliée, et me laissa au seuil du jardin.

La situation se compliquait.

Marie Raynouard venait de m'annoncer implicitement qu'elle accomplissait un mystérieux sacrifice.

Et en m'en allant, je me jurai de nouveau de pénétrer le mystère et de sauver la jeune fille.

. . . .

Le lendemain, comme je partais pour la chasse, je fus fort surpris de voir entrer chez moi le fils Beaudoin, comme on l'appelait dans le pays.

Il était vêtu de sa blouse, coiffé de son chapeau de paille, mais véritable paysan endimanché, il avait une cravate noire et un pantalon noir qui tombait sur ses souliers ferrés.

Il entra avec l'allure dégagée et grossière d'un rustre de village qui se sent des écus et se croit l'égal de tout le monde.

— Je suis désolé de vous déranger, me dit-il, mais je voudrais causer un brin avec vous.

Je le fis entrer dans mon cabinet, où il ne me donna pas le temps de lui offrir un siége.

Il se jeta dans un fauteuil et reprit :

— Voici la chose : je vais épouser la fille Raynouard.

— On m'a dit cela, répondis-je.

— Ah! ce n'est pas que j'en sois bien coiffé, reprit le rustre, c'est pâle et maigrichon en diable, et je regretterai peut-être bien un peu la *Marlotte*. Mais la Marlotte n'a pas le sou, et puis, d'ailleurs, on n'épouse pas sa maîtresse, tandis que la fille Raynouard a des écus.

J'avais trop d'intérêt à connaître mon personnage des pieds à la tête pour ne pas le laisser jaser tout à son aise.

— Ce n'est donc pas un mariage d'inclination que vous faites? lui dis-je.

— Pas si bête! à ce compte-là, je garderais la Marlotte qui est une belle fille, allez!

— Et vous venez m'annoncer votre mariage?

— Oui, d'abord.

— Je vous remercie mille fois.

— Ensuite, je venais vous proposer une affaire.

— Voyons !

— Vous avez une action de forêt ?

— Oui,

— Moi, j'aurai les bois et les terres du beau-père ; si vous voulez, nous ferons échange.

— Comment cela ?

— Nous chasserons l'un chez l'autre.

— Ah ! très-bien. Je comprends.

— Cela vous va-t-il ?

— Je ne dis pas non, répondis-je en me servant de la locution familière au paysan qui ne veut pas s'engager.

— Vous alliez chasser en plaine ?

— Non, au bois.

— Eh bien, dit maître Beaudoin qui se mit tout à fait à l'aise, je vais avec vous. Nous jaserons en chemin.

Et il reprit son fusil qu'il avait posé dans l'angle de la cheminée.

CHAPITRE IX

Maitre Beaudoin avait le cynisme vantard du paysan qui s'est un peu désencrassé et en est tout fier.

Nous n'avions pas fait cent pas dans la forêt qu'il était déjà à l'aise avec moi comme un ami de dix ans.

— Si vous voulez, me dit-il, nous aurons un équipage à frais communs. Vous avez six bassets, n'est-ce pas ?

— Oui.

— J'en aurai six aussi. Nous chasserons tous les dimanches.

— Comme vous voudrez, répondis-je.

J'étais tout à fait décidé à le faire causer le plus possible, et je jouais en conséquence le rôle de traître de mélodrame.

Quand nous fûmes en forêt, nous prîmes un petit sentier qui conduisait à cette enceinte broussailleuse que les faisans préféraient à tout autre canton.

Maître Beaudoin cheminait à côté de moi, sa pipe à la bouche et les mains dans ses poches.

— Avez-vous jamais vu ma future? me dit-il.

— Je l'ai aperçue plusieurs fois.

— Comment la trouvez-vous?

— Fort gentille.

— Peuh! vous n'avez pas vu la Marlotte; c'est là une belle fille.

— Qu'est-ce que la Marlotte? demandai-je.

— C'est une fille du Tilleul qui est couturière de son état. Voici trois ans que nous nous connaissons, et si je n'avais pas eu un matin l'idée de me marier... Après ça, continua-t-il avec son aplomb ordinaire, je m'arrangerai, quand je serai marié, pour rester avec elle tout de même ; ça se voit tous les jours, ça, surtout à Paris, qu'on prenne une femme et qu'on conserve sa maîtresse.

— Cependant, observai-je, Mlle Raynouard est une jolie personne fort bien élevée et qui ne mérite pas d'être traitée ainsi.

— Bah ! bah ! je la tiendrai à mon idée, allez... Et puis la Marlotte, après avoir crié, menacé, pleuré, a fini par me promettre d'être sage ; elle ne fera pas d'esclandre, elle ne m'apportera pas son enfant dans l'église, le jour du mariage.

— Comment ! m'écriai-je, vous avez un enfant de cette fille ?

— Oui, mais le père Raynouard n'en sait rien ; c'est un bonhomme qui ne sort jamais de chez lui.

— Mais sa fille peut le savoir.

— Ah ! dame !

— Et alors tout sera rompu...

— Ne croyez pas ça, mon cher monsieur.

— Sans doute elle vous aime...

— Peuh ! jusqu'à présent, elle n'en a pas l'air. Mais elle m'épousera tout de même, allez !...

— Ah !

Et je gardai le silence, pensant que c'était le moyen le plus sûr de provoquer ses confidences. Je ne me trompais pas ; maître Beaudoin reprit :

— Je n'en ai pas l'air, mais je suis malin, et bien m'en a pris, car tout était perdu sans cela !

— Vraiment?.

— J'avais arrangé l'affaire avec le père Raynouard, et tout était convenu, lorsque, en quittant la Rousselière, voilà que la petite me dit : — Je voudrais vous parler.

— Allez ! lui répondis-je, de quoi s'agit-il ?

— Vous avez demandé ma main à mon père ?

— Oui.

— Que vous a-t-il répondu ?

— Qu'à moins que cela ne vous plût pas, la chose était faite.

— Et qu'avez-vous espéré ? me dit-elle froidement.

— Mais, dame ! répondis-je, je pense que la chose vous conviendra.

— Vous vous trompez, me dit-elle, je ne veux pas me marier.

Et elle me ferma la porte au nez.

— Dame! vous pensez bien, continua le futur notaire, que cela me fit réfléchir un bout de chemin, et quand j'arrivai au Tilleul, je me dis :

Le père Raynouard était un vieux grigou qui aurait laissé mourir de faim un chien, et voici qu'il donne quarante mille francs à sa commune.

Tout cela est louche, et faut que le bonhomme ait quelque chose à se reprocher. C'est une chose à voir...

Alors, à tout hasard, j'écrivis à Mlle Raynouard un petit billet.

Il était court, mais expressif, allez !

— Que pouviez-vous donc lui écrire? demandai-je.

— Je lui écrivis ceci :

« Mademoiselle,

« Je sais pourquoi votre père a donné quarante mille francs à la commune de Saint-Donat, et je crois que si vous ne m'épousez pas, vous aurez tort, car je raconterai l'histoire qui ne vous fait pas grand honneur. »

Etait-ce bien joué, ça, hein?

— Fort bien ! répondis-je, dissimulant de mon mieux le mépris que cet homme m'inspirait.

Il continua :

— Le billet fut porté par un garçon intelligent à qui j'avais bien recommandé de le remettre en cachette à la fille Raynouard.

Il produisit son petit effet sur-le-champ.

Le messager me rapporta cette réponse :

« Mademoiselle Raynouard vous attend tout de suite. »

Je pris mon fusil et je partis.

En route, je m'amusai à courir après des perdreaux et je perdis deux bonnes heures, ce qui fit que je n'arrivai à la Rousselière qu'à la tombée de la nuit.

Marie Raynouard faisait le guet sous la grande allée de marronniers qui descend jusqu'à la route.

Elle vint à moi en courant.

Elle était pâle, elle avait les yeux rouges, et je compris qu'elle avait pleuré.

— Ah! monsieur, me dit-elle d'une voix toute tremblante, je ferai ce que vous voudrez... mais, au nom du ciel, ne dites rien, ne nous déshonorez pas!

— Si vous m'épousez, répondis-je, vous pensez bien que je ne dirai rien.

Elle fondit en larmes et se sauva en me disant :

— Je vous épouserai.

Et voilllà! me dit le rustre, comment la chose est arrivée.

— Vous avez été fort adroit, lui dis-je, et je vous en fais mon sincère compliment.

Mon chien venait de se mettre à l'arrêt, un faisan partit.

Comme j'épaulais, un coup de fusil devança

le mien. Maître Beaudoin avait abattu le coq. Mon chien l'apporta, le rustre le lui ôta des dents et le mit sans façon dans son carnier.

Mais j'étais décidé à ne me fâcher de rien et à avoir pour lui toutes les complaisances.

A midi; nous avions tué six coqs et une poule, et en poursuivant la compagnie, nous avions gagné la partie de la forêt qui fait face au Tilleul.

Le Tilleul est un gros bourg, chef-lieu de canton, et trois fois grand comme Saint-Donat.

— Je crève de faim, me dit M. Beaudoin, voulez-vous venir déjeuner chez la Marlotte?

Je tressaillis des pieds à la tête à cette proposition inattendue.

— Comment! lui dis-je, vous êtes si près de votre mariage, et vous oseriez aller chez cette fille en plein jour!

Il étendit la main et me dit :

— Tenez, voilà sa maison, là-bas, la dernière du pays. Il y a une porte de derrière qui donne sur cette pièce de trèfle, nous allons entrer par là, personne ne nous verra.

— Allons! lui dis-je.

Un quart d'heure après nous arrivions chez la Marlotte.

Elle fut un peu confuse en me voyant, mais maître Beaudoin lui expliqua ma présence et lui dit :

— Fais-nous une omelette au jambon et donne-nous du fromage, j'ai mon estomac dans mes guêtres.

La maisonnette où la Marlotte, que tout le Tilleul frappait d'ostracisme, vivait comme une recluse, était petite, mais propre et suffisamment meublée.

Je vis un bahut en noyer, un lit à baldaquin en toile à ramages de Rouen, et auprès du lit un berceau dans lequel dormait un gros poupart blanc et rose.

Après avoir embrassé tout cela d'un coup d'œil, je ramenai mon regard et concentrai toute mon attention sur la Marlotte.

Quelque chose me disait que j'avais mis la main sur le *deus ex machina* qui ferait avorter les projets de maître Beaudoin.

CHAPITRE X

Pour bien comprendre ce qui allait se passer dans la maison de la Marlotte, il est nécessaire de faire son portrait au moral et au physique.

La Marlotte était une fille de vingt-sept ou vingt-huit ans, aux épaules larges, à la taille un peu épaisse, bien qu'elle fût assez grande.

Elle avait la beauté hardie, les cheveux abondants et noirs, les dents blanches et carnassières, les lèvres rouges et les yeux noirs des femmes du Midi.

Peut-être même était-elle de race bohême.

La Marlotte était une fille de l'hospice. Nourrie par une femme du Tilleul, elle avait été adoptée par elle.

Ses bras robustes, estompés par un léger duvet, ses hanches saillantes, sa jambe musculeuse que laissait voir son jupon court de cotonnade bleue, annonçaient en elle une rare vigueur.

Dans la courbe de son nez, dans son œil un peu enfoncé sous l'orbite, on devinait une étrange énergie.

La Marlotte avait mal tourné, comme on dit.

A seize ans, elle avait disparu du pays pour s'en aller à Orléans mettre au monde un enfant qu'on n'avait pas revu.

Dès lors, les gens honnêtes du Tilleul l'avaient montrée au doigt.

Mais, malgré son inconduite, elle était travailleuse, économe, et vivait de son métier de couturière et du produit d'un petit champ que lui avait laissé sa mère adoptive, lorsqu'elle connut le fils Beaudoin.

Vouée à la honte déjà, cette fille ne résista point aux obsessions du jeune homme qui venait de terminer ses études à Poitiers.

Leur liaison, cachée d'abord, ne fut bientôt plus un secret pour personne.

Le fils Beaudoin, comme on l'appelait, était craint dans le pays. Il avait un caractère violent, il était astucieux, et surtout ses parents n'étaient pas très-aimés.

Le père et l'oncle Beaudoin passaient pour des usuriers.

A eux deux ils possédaient trois cent mille francs en terre et un portefeuille dont on ignorait le chiffre.

L'année précédente, l'oncle Beaudoin, qui était l'aîné, mourut en revenant de la chasse, d'une attaque d'apoplexie.

L'inconduite était passée à l'état héréditaire dans cette famille de paysans enrichis.

L'oncle Beaudoin, qui n'avait jamais voulu se marier, vivait avec sa servante et en avait eu un enfant.

Quand il mourut, on s'attendait à ce qu'il leur laisserait quelque chose.

Il n'en fut rien. On apprit dans le pays qu'il était mort sans faire de testament.

Son frère et son neveu, qui étaient ses héritiers naturels, jetèrent la servante et son enfant à la porte.

La réunion des deux fortunes avait permis à maître Onésime Beaudoin de traiter de l'étude du notaire, qui se trouvait à vendre au Tilleul.

Mais il n'en avait pas moins conservé ses

relations avec la Marlotte, dont il venait d'avoir un enfant.

Comment cette fille s'était-elle résignée au prochain mariage de son amant avec Mlle Raynouard?

C'était difficile à comprendre quand on la voyait, car elle n'était pas femme à le craindre et à se laisser intimider par ses menaces.

Pourtant elle me parut lui faire assez bon accueil, et s'empresser de préparer à déjeuner.

On se mit à table.

J'avais faim, je mangeai de bon appétit; maître Beaudoin dévorait et buvait à longs traits d'un petit vin du pays, qui est assez capiteux.

Quand la Marlotte eut servi l'omelette, elle prit place à côté de nous.

— Ah! dame, me dit le rustre, je vous reçois sans façons, voisin; mais, quand nous serons à la Rousselière..., c'est la cave du beau-père qui marchera.

Un éclair brilla dans l'œil noir de la Marlotte.

— Je t'ai pourtant dit, fit-elle, de ne jamais me parler de ça.

Le fils Beaudoin était déjà un peu allumé :

— Ah! bah! fit-il, faudra bien que tu t'y

accoutumes... c'est dans trois semaines que je saute le pas.

— Oui, si tu tiens ce que tu as promis, répondit-elle d'un air sombre.

— Et qu'est-ce que je t'ai donc promis?

— Vingt mille francs pour notre enfant.

— C'est bien. On verra...

— Mais c'est tout vu, fit-elle. Est-ce qu'il ne faut pas que notre enfant ait du pain?

— Notre enfant... notre enfant!... C'est bon! grommela le futur notaire... Après ça, qui sait? il n'est peut-être seulement pas à moi!

Un second éclair jaillit des yeux de la Marlotte :

— Ah! canaille! dit-elle, tu sais pourtant bien le contraire! Est-ce que je ne me suis pas toujours tenue tranquille?

Et, se tournant vers moi, elle me dit avec un éclat de fureur dans la voix :

— Tenez, monsieur, faut que vous ne connaissiez pas ces gens-là pour les fréquenter. Ça n'a ni cœur ni honnêteté.

— Te tairas-tu, gueuse? s'écria le fils Beaudoin que le vin commençait à rendre mauvais.

— Et si je ne me tais pas?

— Je t'étrangle! dit-il en se levant.

— Ah! misérable! fit-elle, tu oserais porter

la main sur moi... mais tu ne sais donc pas que je puis t'envoyer au bagne?

A ces mots, je dressai l'oreille comme un limier perdu qui entend un aboiement lointain.

— Te tairas-tu ! répéta-t-il ivre de fureur.

Et il se jeta sur elle et la prit à la gorge avant que j'eusse pu l'arrêter.

Mais elle se dégagea, le repoussa vivement, et, s'armant d'un couteau qu'elle prit sur la table, elle s'écria :

— Si tu avances, je te tue ! aussi vrai que je suis une fille perdue et toi une canaille et un voleur !

Il voulut de nouveau se jeter sur elle; mais je le saisis par le bras et le maintins.

— Calmez-vous, lui dis-je, cette femme est jalouse et perd un peu la tête.

— Non, monsieur, dit la Marlotte, je ne perds pas la tête, c'est la vérité que je dis. C'est un voleur !

— Tu n'as pas de preuves ! hurla imprudemment maître Beaudoin.

— La justice saura bien en trouver, quand j'irai lui dire que tu as brûlé le testament de ton oncle qui laissait tout à la Marianne, sa servante, et à son enfant.

La Marlotte était hors d'elle-même et brandissait son couteau.

Mais ses dernières paroles avaient atterré le fils Beaudoin. Il devint pâle comme un mort, et je le vis trembler. Dans sa fureur, la Marlotte venait de le déshonorer à mes yeux.

Et quand elle le vit pâle et défait, elle comprit sa faute; sa colère tomba tout à coup, elle jeta son couteau loin d'elle et murmura toute confuse :

— Ah! mon Dieu! qu'ai-je dit!

Et puis elle vint à moi, joignit les mains et me dit :

— Ne le perdez pas, monsieur; c'est un misérable! mais c'est le père de mon enfant... ne le perdez pas!

Le fils Beaudoin, malgré sa pâleur livide, essaya cependant de payer d'audace :

— J'espère, me dit-il, que vous n'allez pas attacher d'importance aux paroles de cette folle.

— Cela dépendra, répondis-je, ne pouvant plus dissimuler le mépris que cet homme m'inspirait.

— Comment! vous oseriez croire...

— Il dépend de vous, monsieur, que je ne croie absolument rien.

— Ah! fit-il haletant.

Je me tournai vers la Marlotte et lui dis :

— Trouverait-on chez vous de quoi écrire?

Cet homme, qui n'avait d'autre sens moral que l'amour de l'argent, se méprit et me dit :

— Est-ce que vous allez me faire signer une obligation pour acheter votre silence?

Je le toisai des pieds à la tête, et sans doute que mon regard l'écrasa, car il balbutia quelques paroles d'excuse.

— Monsieur, lui dis-je, vous allez m'écrire une lettre dans laquelle vous me prierez d'annoncer à M. Raynouard que vous renoncez à l'honneur de son alliance.

A ce prix-là, je vous garderai le secret, je vous en donne ma parole d'honneur.

Il courba la tête et murmura :

— J'ai fait une jolie campagne aujourd'hui, de vous amener ici.

Mais il écrivit la lettre que je lui demandais, et, une heure après, j'étais sur le chemin de la Rousselière.

CHAPITRE XI

Quand j'arrivai, je trouvai M. Raynouard en sérieuse conférence avec sa fille.

Comme si elle eût été sous l'influence d'un pressentiment, Mlle Raynouard vint à moi et me dit :

— Vous êtes notre voisin, monsieur, et peut-être pourrez-vous me donner un bon conseil.

— De quoi s'agit-il? demandai-je, gardant la lettre du fils Beaudoin dans ma poche.

La jeune fille était triste, mais elle paraissait résignée.

J'avais pris une chaise et je m'étais placé auprès de M. Raynouard, que la goutte clouait toujours dans son fauteuil.

— Mon père s'occupe de mon mariage, dit-elle.

— Ah ! vraiment ?

— Mon père voudrait rester à la Rousselière, tandis qu'il faudra bien que je suive mon mari au Tilleul, puisqu'il va y être notaire.

— Naturellement, répondis-je, si vous épousiez M. Beaudoin, il faudrait bien vous résigner à cette séparation.

— Mais, reprit Marie d'une voix émue, mon père est souffrant, monsieur, et c'est bien difficile de le laisser seul.

— Que veux-tu ? fit le vieillard, j'ai mes habitudes ici... Si je vais au Tilleul, en plein bourg, je mourrai d'ennui.

Avant que j'eusse été appelé à trancher la question, un nouveau personnage fit irruption dans la salle où nous nous trouvions.

C'était l'oncle Noël.

Qu'était-ce que l'oncle Noël ?

C'était le frère aîné de feu Mme Raynouard, — une manière de fermier qui habitait une vaste propriété au milieu des bois, en tirant sur le Gâtinais, à cinq ou six lieues de Saint-Donat.

Je ne l'avais jamais vu ; mais une exclamation de Mlle Raynouard qui s'écria : « Voilà mon oncle ! » me mit au courant.

L'oncle Noël était un grand vieillard sec et

maigre, d'aspect sévère, mais dont la physionomie qu'éclairait un grand œil bleu clair, annonçait la franchise et la droiture.

Il était riche, il s'était marié il y avait plus de trente ans, et il avait trois enfants.

M. et M{\ile} Raynouard n'avaient donc rien à espérer, mais ils avaient conservé pour lui une grande déférence, et il avait sur eux une grande autorité.

Quand M{\ile} Noël, sa sœur, avait épousé M. Raynouard, l'oncle Noël était allé vivre dans le pays de sa femme, mais il venait journellement à Saint-Donat et se trouvait très au courant de ce qui se passait dans la contrée.

Il entra le sourcil froncé, l'air soucieux, et dit brusquement à M. Raynouard, après les avoir salués :

— J'ai à te parler d'affaires, Victor.

Victor était le prénom de M. Raynouard.

Je fis le geste de me retirer, et cela d'autant plus volontiers, que j'espérais que M{\ile} Raynouard me reconduirait et qu'alors je pourrais échanger quelques mots avec elle avant de lui remettre la lettre du fils Beaudoin.

Mais il n'en fut rien, l'oncle Noël me dit au contraire :

— Restez, monsieur, vous n'êtes pas de trop !

L'autorité de cet homme qui n'était guère qu'un paysan était telle, du reste, que M. Raynouard lui dit d'un air timide :

— Qu'avez-vous donc à me dire, beau-frère?

— C'est rapport au mariage de la petite.

Marie tressaillit et son visage s'anima; elle avait deviné en moi un auxiliaire, elle pressentit un protecteur dans son oncle.

— Ah! beau-frère, dit timidement M. Raynouard, j'allais vous écrire justement pour vous l'annoncer.

— C'est donc décidé? fit l'oncle Noël.

— Dame! répondit M. Raynouard, les jeunes gens paraissent se convenir.

— Ah! fit l'oncle Noël.

Et il regarda sa nièce.

Marie était redevenue pâle et tremblante.

— J'ai peine à croire ça, reprit l'oncle.

Marie baissa la tête et ne dit rien.

— Tu *ne sonnes mot*, petite, reprit l'oncle Noël, c'est mauvais signe.

Marie continua à garder le silence.

Alors le vieillard frappa du pied.

— Il faut pourtant défaire tout ça, dit-il.

— Mais? fit M. Raynouard.

— Marie ne peut pas épouser le fils Beaudoin, continua le père Noël avec animation.

— Pourquoi ça? fit M. Raynouard.

— Parce que Marie est une honnête fille.

— Mais, c'est un brave garçon, le fils Beaudoin, dit timidement M. Raynouard.

— C'est une canaille, comme son père et comme son oncle !

— On ne leur reproche rien, pourtant... hasarda encore le père Raynouard.

— Pas même la Marlotte? fit le vieux paysan avec ironie.

— Qu'est-ce que cela, la Marlotte? demanda M. Raynouard avec étonnement.

— C'est la maîtresse du fils Beaudoin, une fille perdue dont il a un enfant.

Marie courba de nouveau la tête, et je compris à son attitude que la malheureuse jeune fille savait tout.

— Mais tu l'aimes donc, ce chenapan? s'écria l'oncle Noël.

— Je l'aimerai, s'il devient mon mari, répondit-elle avec soumission.

— Tu ne l'aimes donc pas?

— Non... pas encore.

— Alors pourquoi consens-tu à l'épouser? reprit l'oncle Noël.

Marie ne répondit pas.

M. Raynouard, fort étonné, regardait sa

fille et ne comprenait absolument rien à la situation.

C'était le moment d'intervenir.

— Monsieur Noël, dis-je à l'oncle, si vous voulez me permettre de causer une minute en tête à tête avec Mlle Raynouard, je crois que je pourrai vous dire bien des choses.

Le regard que Marie Raynouard leva sur moi était rempli de reconnaissance.

— Oui, monsieur, venez, me dit-elle, avant que le père Raynouard et l'oncle Noël eussent eu le temps de dire un mot.

Et elle m'entraîna à l'autre bout de la salle, qui était la plus vaste du château de la Rousselière.

Puis se plaçant avec moi dans une embrasure de croisée.

— Monsieur, me dit-elle, tâchez d'apaiser mon oncle.

— Comment cela?

— Tâchez qu'il ne s'oppose pas à mon mariage.

— Vous y tenez donc?

— Il le faut! me dit-elle d'une voix mourante.

— Oui, lui dis-je, je sais ce que vous pensez et ce que vous croyez...

Elle me regarda avec effroi.

— Le fils Beaudoin, poursuivis-je, vous a menacée de déshonorer votre père.

— Oh! monsieur! fit-elle en joignant les mains.

— Malheureusement, repris-je avec calme, pour déshonorer les gens, il faut avoir en mains la preuve de leur déshonneur, et le fils Beaudoin s'est vanté, ce matin même, de vous avoir écrit à tout hasard une lettre de menaces; car il ne sait absolument qu'une chose, c'est que votre père a donné quarante mille francs à la commune de Saint-Donat.

Un cri de joie s'échappa de la gorge crispée de Marie Raynouard.

— Est-ce possible, fit-elle, ce que vous me dites là?

— Je vous en donne ma parole.

— Mais, monsieur, cet homme est lâche et méchant... et si je refuse sa main....

— Vous n'aurez point cette peine.

— Que voulez-vous dire? fit-elle avec anxiété.

— Lisez, lui dis-je en lui remettant la lettre écrite par le fils Beaudoin, et qu'à dessein je n'avais pas cachetée.

Elle jeta un nouveau cri et se précipita vers l'oncle Noël.

Puis, lui sautant au cou :

— Ah! mon bon oncle, dit-elle, merci! sans vous et sans monsieur, j'épousais peut-être ce misérable!

— Comment! petite, fit le père Raynouard stupéfait, ce mariage ne te convenait pas?

— Je vous obéissais, mon père!

— M'obéir! exclama le goutteux en se soulevant à demi, mais tu sais bien que je ne te forcerai jamais, et tu peux bien épouser l'homme qui te conviendra, qu'il soit riche ou qu'il n'ait pas le sou!

Je fus obligé de soutenir dans mes bras Mlle Raynouard prête à s'évanouir.

CHAPITRE XII

Quinze jours s'étaient écoulés.

La nouvelle de la rupture du mariage projeté entre Mlle Raynouard et le fils Beaudoin s'était rapidement répandue; et comme tout le monde connaissait la vie scandaleuse de ce jeune homme, on n'avait pas cherché d'autre motif.

L'hospice était achevé, les sœurs hospitalières installées; le four et la boulangerie fonctionnaient.

Mais, en dépit de toutes ces victoires remportées, le front de M. Simonin demeurait chargé de nuages.

Je l'allai voir un matin et le trouvai en grande conférence avec le maire.

M. Taconey était devenu méconnaissable.

Ce n'était plus cet homme indolent qui tremblait sous le regard de sa femme et laissait maître Jacques se tirer comme il pourrait des affaires de la commune.

Il avait pris à cœur toutes les améliorations indiquées par M. Simonin et il faisait construire le pont du canal.

Quand j'arrivai, il me salua et me dit :

— Figurez-vous, monsieur, que nous sommes en grande discussion aujourd'hui avec M. Simonin.

— A propos de quoi? demandai-je.

— Je soutiens, moi, que chacun est libre de faire ce qu'il veut et d'aller ou de ne pas aller à l'école.

— C'est assez juste, répondis-je.

— M. Simonin me répond que le maire peut contraindre les enfants à aller à l'école.

— Oh! oh! m'écriai-je; mais, voilà un sujet gros d'orage, ce me semble.

— Permettez, me dit M. Simonin, je vais m'expliquer.

Et, en effet, il développa ainsi sa théorie :

— Nous n'avons pas encore une loi qui fasse de l'instruction une obligation tout comme le tirage à la conscription; par conséquent,

M. Taconey outre-passerait ses pouvoirs s'il faisait un jour publier au son du tambour qu'il faut que chaque enfant se rende à l'école...

— C'est là ce que je veux dire, interrompit M. Taconey.

— Mais, reprit M. Simonin, ce qu'on ne peut faire directement et ouvertement et en vertu d'une loi, on peut le faire d'une façon indirecte.

— Comment cela?

— De plusieurs manières. Tenez, par exemple, hier il est entré dans notre modeste hospice une femme qu'on appelle la mère Blanchard. Elle est cardeuse de matelas, veuve et mère de deux enfants. En coupant du bois, elle s'est fait une large entaille à la jambe gauche, et elle est hors d'état de travailler et de nourrir ses enfants d'ici à plusieurs semaines.

Il a été convenu entre M. le curé et M. le maire qu'on la garderait jusqu'à parfaite guérison et qu'on donnerait deux pains par semaine à ses enfants.

— Quel âge ont-ils?

— Ce sont deux garnements de huit et neuf ans qui passent leur vie à marauder les fruits de celui-ci et les volailles de celui-là. Un jour ou l'autre, ils iront en prison. Eh bien, croyez-vous, continua M. Simonin, que si on avait dit à la mère « nous ne vous admettons à l'hospice et nous ne nous chargeons de vos enfants qu'à la condition qu'ils iront à l'école où on les instruira gratis, » elle eût refusé?

— Certes non, répondis-je et l'idée est excellente.

— Mais, observa M. Taconey, ceci est un fait isolé. Comment généralisez-vous votre théorie?

— D'une façon bien simple. Notre boulangerie, qui doit donner du pain à prix réduit, fera les mêmes conditions aux familles nécessiteuses.

— Et les habitants qui n'ont besoin de rien?

— Ceux-là nous échappent encore, pour le moment du moins, reprit le maître d'école, mais je ne désespère pas de les ramener.

Je donnerai *gratis* des leçons de *taille* à tous ceux qui m'enverront leurs enfants l'hiver.

— Vous avez réponse à tout, dit M. Taconey. Mais, à propos, savez-vous pourquoi je suis venu?

— Je l'ignore, répondit le maître d'école.

— Il y a un de mes fermiers à toute extrémité,

et j'ai bien peur que le médecin que j'ai envoyé chercher n'arrive trop tard.

— Quel mal a-t-il?

— Il a écorché une vache il y a deux jours, le charbon s'est déclaré. Or la vache est encore dans la cour de la ferme, répandant autour d'elle des miasmes empoisonnés, et je ne puis obtenir ni des enfants du fermier, ni des vallets de charrue qu'ils enlèvent cette cause de pestilence. Personne ne veut y toucher. Pendant ce temps les mouches s'y empoisonnent une à une et peuvent causer de véritables ravages dans le pays.

— Mais ces gens-là sont fous, dit M. Simonin.

— Or, poursuivit M. Taconey, il y a parmi eux un de vos écoliers, le petit Martin...

— C'est vrai, répondit le maître d'école. C'est un garçon très-intelligent.

— Et j'ai pensé que vous auriez assez d'ascendant sur lui pour obtenir qu'il fît enterrer, fût-ce sur place, le corps de la vache.

— Voilà, dit M. Simonin, qui prouve jusqu'à quel point l'instruction des classes laborieuses est aussi nécessaire que le pain quotidien. Ces gens-là ont peur d'attraper le charbon en touchant à la vache morte, et ils laissent des milliers de mouches s'inoculer un venin qui rendra leur piqûre mortelle.

M. Simonin prit son chapeau et nous invita à le suivre à la ferme de M. Taconey.

C'était précisément celle qui se trouvait auprès du canal.

Quand nous arrivâmes, la fermière et ses deux fils étaient dans la chambre du père, qui était à la mort, et ils se tenaient à distance, sur l'invitation du fermier lui-même, qui leur disait :

— Gardez-vous bien de m'approcher !

Les valets de ferme étaient dans la cuisine avec la gardeuse d'oies et la vachère, et tous se montraient consternés.

M. Simonin interpella Martin, son écolier, qui était le plus jeune fils du fermier.

— Il faut enlever la vache, lui dit-il.

— Ah ! mais non, not' maître ! dit l'enfant. Nous la couvrirons de terre, mais pour y toucher, nenni da !

— Et si j'y touche, moi ?

— Ah ! dame !

— Si je trouve un moyen de le faire sans danger, m'aideras-tu ?

— Pour ça, oui.

M. Simonin se rendit dans la cour et s'approcha de la vache morte.

Elle avait été si proprement écorchée que l'épiderme n'avait souffert qu'en deux endroits de l'épine dorsale.

A ces deux places la putréfaction commençait, et nous vîmes des centaines de grosses mouches de bois qui s'y étaient posées.

— Avant d'enlever la vache, dit M. Simonin, il faut détruire les mouches.

Et, promenant ses regards autour de lui, il aperçut sous un hangar des fagots de branches de sapin.

L'essence de sapin est commune dans les bois de Saint-Donat. Ces fagots étaient destinés à chauffer le four de la ferme.

M. Simonin en fit faire un rempart tout à l'entour de la vache, puis on y mit le feu.

La résine dégagea des tourbillons de fumée qui montèrent autour du corps mort comme une muraille circulaire.

Les mouches continuèrent d'abord leur funèbre repas, puis atteintes par la chaleur, elles essayèrent de prendre leur vol; mais alourdies par l'ivresse du sang, elles donnaient tête baissée dans la fumée et tombaient suffoquées au milieu des flammes.

Par ce moyen fort simple, pas une n'échappa.

— Maintenant, dit M. Simonin, quand les bourrées furent consumées, il faut enlever la vache.

La flamme avait atteint ses jambes et les avait calcinées :

— On peut la prendre par là, dit le maître d'école, qui tira une des jambes à deux mains.

Ce que voyant, Martin l'imita, et leur exemple fut suivi par un valet de ferme.

La vache fut chargée sur un traîneau et recouverte d'un drap à fumier, pour que d'autres mouches ne pussent en approcher.

Puis on s'en alla en forêt, à un quart de lieue, et la vache fut enterrée.

Mais il y avait deux personnes que ni M. Simonin, ni les gens de la ferme n'aperçurent, et qui, assises sur un rocher, à peu de distance, assistèrent à l'inhumation de la vache charbonneuse.

C'était le fils Beaudoin qui chassait, et son *porte-carnier* Grégoire Chenu, l'ennemi mortel de M. Simonin.

CHAPITRE XIII

Le fils Beaudoin, depuis quinze jours, avait passé par toutes les angoisses de la peur.

Je pouvais le dénoncer..., et, bien qu'il n'y eût pas de preuve apparente de son crime, il savait que la justice, quand elle se mêle de vouloir connaître la vérité, arrive toujours à son but.

Or, les gens qui manquent de droiture sont peu portés à croire à la loyauté des autres.

Et le fils Beaudoin s'était dit :

— Pour sûr, le Parisien des Charmilles, — c'est ainsi qu'on me nomme dans le pays, — jasera un jour ou l'autre.

Mais à force de réfléchir que je n'avais aucun motif de haine contre lui, il songea à la lettre que je lui avais fait écrire, et se dit encore :

— Puisqu'il a la lettre, peut-être bien qu'il ne dira rien.

Alors un nouveau problème se présenta à l'esprit inquiet et soupçonneux du futur notaire.

Pourquoi lui avais-je fait écrire cette lettre?

La polygamie n'étant point reconnue par la loi française, il était inadmissible que j'eusse agi sous l'impulsion d'un sentiment personnel, ne pouvant moi-même prétendre à la main de Marie Raynouard.

Au profit de qui donc avais-je travaillé?

J'avais peu de relations dans le pays; et les gens qui pouvaient songer à épouser Mlle Raynouard étaient si rares !

Un moment, le souvenir de mes deux amis, qui venaient de retourner à Paris, se représenta à son esprit.

Et, le lendemain matin, toujours inquiet, il prit son fusil et vint rôder aux alentours des Charmilles; mais là, il apprit que nos amis étaient partis.

Un jour, rencontrant mon garde, il le questionna.

Le garde lui apprit que ces messieurs ne reviendraient pas ; que l'un, du reste, était marié, et que l'autre, trop jeune encore, ne songeait point à s'établir.

Rassuré sur ce point, maître Onésime Beaudoin se mit à chercher ailleurs.

Pendant quatorze jours, il eut l'esprit à la torture, mais le quinzième il devait être fixé.

Un matin, celui-là même où le maître d'école débarrassait la ferme de la vache charbonneuse, maître Beaudoin vit arriver chez lui le jeune Grégoire Chenu. Le garnement, depuis la mort de son père, tournait tout à fait au mal ; il se grisait dans les cabarets, battait sa mère, et disait à qui voulait l'entendre qu'il attendait d'être plus grand et plus fort pour étrangler M. Simonin.

Quand Grégoire Chenu n'avait plus d'argent, il allait trouver le fils Beaudoin et lui portait son carnier.

En échange de ce service, il buvait à même la gourde du chasseur et recevait le soir une pièce de dix sous.

— Not' monsieur, dit ce matin-là le fils Chenu au fils Beaudoin, voulez-vous faire un bon coup de fusil ?

— Je ne demande pas mieux, répondit le futur notaire. De quoi s'agit-il?

— Il y a une horde de sangliers dans le bois des *Poteries*, derrière la ferme à M. Taconey, le maire de Saint-Donat. J'ai vu leurs rentrées; il y a la mère et les cinq petits. Le ragot a filé. C'est bien possible que la laie file aussi; mais nous aurons les marcassins, qui sont tout petits, à preuve que leurs *pigaches* ne font pas plus d'empreinte qu'un pied de chevreuil.

— Allons! avait répondu le fils Beaudoin.

Et ils avaient pris le chemin de Saint-Donat.

Comme ils arrivaient sur le territoire de la ferme de M. Taconey, ils aperçurent trois hommes qui marchaient rapidement.

C'étaient M. Taconey, M. Simonin et moi, qui nous rendions en toute hâte à la ferme.

— Tiens! dit le fils Beaudoin, n'est-ce pas M. Taconey, ça?

— Oui da!

— Et le *Parisien?*

— Avec son ami le maître d'école, répondit Grégoire Chenu.

— Ah! c'est son ami, le maître d'école? dit le futur notaire.

— Oui, et ils *manigancent*, je crois bien, quelque chose.

— Quoi donc?

— Le Parisien voudrait peut-être bien marier le Simonin.

— Avec qui?

— Avec la demoiselle du château de la Rousselière.

Le fils Beaudoin s'arrêta tout net.

— Est-ce vrai, ça? dit-il.

— Oh! j'en ai l'idée...

Le fils Beaudoin épaula son fusil et murmura :

— S'il n'y avait pas ces gueuses de lois, quel joli coup double je ferais en ce moment; et, à partir de cet instant, le fils Beaudoin ne songea plus à chercher la horde de sangliers.

Grégoire Chenu et lui s'en vinrent rôder, cachés derrière les arbres, aux alentours de la ferme.

Ils assistèrent à la destruction des mouches et au transport de la vache en forêt.

Ils étaient si bien cachés derrière une touffe de hêtres et un rocher, que nul de ceux qui procédaient à l'inhumation de la vache ne soupçonna leur présence. Puis, quand tout le monde fut parti, maître Onésime retourna son carnier et s'assit dessus, car la mousse du bois était couverte de rosée.

— Fumons une pipe, dit-il.

— J'aimerais autant boire un coup, répondit Grégoire Chenu.

Le fils Beaudoin lui passa la gourde, et continua d'une manière indifférente :

— Tu le détestes donc bien, ce maître d'école?

— J'en mangerais tout cru, répondit Grégoire Chenu.

— Il vaudrait mieux qu'il mangeât de la vache, répondit le futur notaire avec un gros rire.

— Comment cela ?

— Ou qu'il fût piqué par une mouche qui en aurait mangé.

— Et si ça arrivait... vous croyez... ?

— Il serait bientôt perdu ; répondit le fils Beaudoin.

— Mais les mouches sont toutes mortes...

— Bah ! la vache n'est pas enterrée profondément, les renards la déterreront.

— Vous croyez? fit le garnement dont les yeux étincelaient.

— Et il viendra d'autres mouches...

— Ah ! c'est juste.

Le fils Chenu prit son couteau et coupa une branche d'arbre.

— Que fais-tu donc? demanda maître Beaudoin.

Mais déjà le garnement s'amusait à remuer la terre et à découvrir le corps de la vache.

— Faut que tout le monde vive! dit-il. Il y a peut-être des mouches qui n'ont pas déjeuné.

Les deux misérables se regardèrent, et chacun d'eux frissonna.

— Viens-nous-en! dit brusquement le fils Beaudoin; si on nous voyait par ici et que plus tard il arrivât un malheur..... Faut être prudent.

Et tous deux s'enfoncèrent sous bois.

CHAPITRE XIV

A deux jours de là, M. Simonin rentrait chez lui.

Il était allé faire une visite à son confrère du Tilleul, M. Pingout, et il suivait le bord du canal.

Le soleil avait disparu derrière les collines qui bornent l'horizon. C'était l'heure du *chien et loup*, comme on dit dans nos campagnes.

Au moment où les premières maisons de Saint-Donat apparaissaient à un coude formé par le canal, M. Simonin remarqua quelque chose d'immobile adossé au tronc d'un peuplier.

En approchant davantage, il reconnut un corps humain, et dans ce corps humain un jeune garçon de douze ou treize ans.

En approchant plus près encore, il sut à qui il avait affaire.

C'était un de ses écoliers.

Cet écolier était l'enfant d'une ferme voisine; il se nommait Denis Passereau.

Doux, studieux, intelligent, le petit Denis était le modèle de la classe, et M. Simonin l'avait pris en grande amitié.

En revanche, Denis subissait le sort de tous les êtres qui sont bons et, se sentant forts, dissimulent leur force et ne cherchent point à s'en servir. Souvent en butte aux vexations, aux taquineries de ses camarades d'école, il se fâchait rarement et ne faisait jamais usage de cette force presque herculéenne que la nature avait mise dans son jeune corps.

A la vue du maître, il songea d'abord à fuir; mais il essaya de s'effacer.

Mais le maître l'avait reconnu.

— Hé! Denis? fit-il.

L'enfant ôta respectueusement sa casquette.

— Que fais-tu donc là? demanda M. Simonin.

— Je regarde l'eau courir, balbutia l'enfant d'un ton irrésolu.

— Denis, dit sévèrement M. Simonin, c'est mal de me répondre ainsi.

— Mais... monsieur...

— Tu mens! dit M. Simonin. Tu n'es pas là par hasard...

L'enfant se mit à rougir.

Mais comme c'était une nature droite et franche, il répondit sans hésitation :

— Vous avez raison, monsieur le maître, je n'étais pas là par hasard.

— Et pourquoi t'y trouvais-tu?

— Pour me venger, répondit simplement l'enfant.

— De qui veux-tu te venger?

— De Pierre Rousselin.

— Ah!

Puis, après un silence, M. Simonin reprit:

— Que t'a-t-il donc fait, Pierre Rousselin?

— Il m'a tué ma pie.

Et l'enfant essuya une larme.

Or, pour comprendre ce petit drame, une brève explication est nécessaire.

Plusieurs écoliers de M. Simonin possédaient, qui un pierrot, qui un sansonnet, qui une pie.

Le jeune maître d'école au lieu de réprimer ces goûts enfantins les avait encouragés.

Selon lui, l'homme qui aime les bêtes a le cœur bon; et M. Simonin ne demandait qu'une chose, c'est que, pendant la classe, les innocents volatiles, tous privés, du reste, demeurassent au jardin dans des cages qu'il avait appris à faire à ses écoliers.

— Ah! reprit-il, Pierre Rousselin a tué ta pie?

— Oui, monsieur, dit l'enfant en pleurant.

— Dans quel but?

— Pour me faire enrager, a-t-il dit.

— Et tu veux te venger?

— Oui, dit simplement l'enfant.

— Comment cela?

— Il va passer par ici, et comme je suis plus fort que lui, je le battrai.

— Mon enfant, dit le maître d'école, ce que tu veux faire là est fort mal. Il n'est pas permis de se venger.

— Mais, monsieur, dit l'enfant, savez-vous qu'il est bien méchant, Pierre Rousselin?

— Dieu le punira.

Ce mot frappa le jeune garçon :

— Vous avez raison, monsieur le maître, dit-il. Je ne lui chercherai point querelle.

— Me le promets-tu?

— Oui, monsieur le maître.

Et l'enfant s'en alla, renonçant à attendre Pierre Rousselin.

Le maître d'école rentra chez lui.

Sur le seuil, il trouva cette pauvre veuve qu'on appelait la Salomon, et qui lui servait de femme de ménage.

La Salomon lui dit toute joyeuse :

— Monsieur, Médor est revenu.

Médor était un pauvre chien errant et abandonné que le maître d'école avait recueilli un jour et qui était devenu le commensal du logis depuis environ un mois.

C'était un chien assez laid, bâtard, la queue en trompette, et qui, sans doute, avait été perdu par quelque roulier.

Egaré, mourant de faim, il était venu se coucher à la porte de M. Simonin, qui l'avait adopté il y avait environ trois mois.

Depuis deux jours, le chien avait disparu. On l'avait cherché vainement dans le pays, et M. Simonin, malgré de plus graves préoccupations, en avait éprouvé un véritable chagrin.

— Oui, monsieur, dit la veuve Salomon, le chien est retrouvé, mais il est dans un joli état, allez !

Et elle appela Médor.

Le roquet arriva triste, l'oreille basse, faisant entendre un hurlement plaintif.

M. Simonin aperçut alors sur le dos du chien une large plaie noire et sanguinolente, et sur cette plaie une douzaine de ces grosses mouches à mulet qu'on trouve communément à la lisière des bois.

Un souvenir, à cette vue, traversa comme un éclair l'esprit de M. Simonin.

Il se rappela la vache charbonneuse.

Le chien voulut le caresser, mais il le repoussa vivement à l'intérieur de la maison d'école et ferma la porte.

— Que faites-vous donc, monsieur? demanda la veuve Salomon.

Mais M. Simonin, au lieu de répondre, lui demanda avec anxiété :

— Le chien vous a-t-il caressé?

— Non, monsieur.

— Il ne vous a pas léché les mains?

— Oh! non, il est entré en grognant, et il est allé se coucher dans un coin.

M. Simonin respira.

— Mais pourquoi me demandez-vous cela, monsieur?

— Parce que si le chien vous avait léchée et que, par hasard, vous eussiez eu une écorchure aux mains, vous seriez une femme morte.

— C'est-y Dieu possible ! fit la veuve épouvantée.

— Vous n'avez pas allumé de feu ni de lumière ?

— Non, monsieur, pas encore. Mais il faut pourtant que je vous prépare à souper.

— Auparavant, il faut nous débarrasser du chien et des mouches qui, grâce à l'obscurité, resteront sur lui et qui s'envoleraient à la lumière.

— Et si elles s'envolaient ? demanda encore la veuve Salomon.

— Elles pourraient nous piquer, et nous en mourrions sûrement.

M. Simonin était fort ému en parlant ainsi.

— Comment, monsieur, dit la veuve, vous allez tuer ce pauvre Médor !

— Il le faut ; d'ailleurs il sera mort avant demain.

— Mais comment tuerez-vous les mouches ?
Le maître d'école parut réfléchir.

— Le pauvre animal, dit-il enfin, aura une mort épouvantable, mais la fumée l'étouffera promptement.

— Puis s'adressant à la veuve :

— Est-ce que vous ne deviez pas faire du pain demain ?

— Oui, monsieur.

— Le four est donc garni de bois?

— Oui, monsieur. Est-ce que vous voulez brûler le chien?

— Oui.

— Ah! mais, c'est horrible cela, dit la veuve.

— Si je ne le fais, demain mes écoliers, vous, moi et tout le pays, nous aurons le charbon, comprenez-vous?

— Mais, monsieur, dit encore la veuve, le chien n'ira pas tout seul dans le four.

— Je l'y jetterai.

— Et si les mouches vous piquent?

— Elles sont inoffensives dans l'obscurité, je vous l'ai dit.

M. Simonin enjoignit à la veuve de demeurer à la porte, puis il se glissa dans la maison.

La pièce où il avait enfermé le chien était précisément la cuisine, et le four était, comme dans toutes les habitations de campagne, situé au-dessus du foyer et fermé par une plaque de tôle.

Une sorte de crépuscule passant au travers de la fenêtre éclairait imparfaitement cette pièce.

Le chien, entendant monter son maître, revint à lui en remuant la queue.

Mais M. Simonin prit sa grosse voix et lui dit :

— Allez-vous-en ! à bas ! vilain chien...

Le chien retourna se coucher dans un coin et fit entendre un grognement plaintif.

Dans son esprit de chien, son maître avait le droit de le gronder; mais il avait le droit, lui, de protester de son innocence.

M. Simonin ouvrit une armoire, y prit un morceau de pain et le lui jeta.

Le chien se mit à manger avec avidité. Il mourait de faim. Quand le morceau de pain fut englouti, M. Simonin ouvrit la porte du four.

Puis il prit un second morceau de pain :

— Va chercher ! dit-il.

Et il jeta le morceau de pain dans le four.

Le chien fit un bond, tomba sur le pain, et, en même temps, M. Simonin replaça la plaque de tôle qui fermait hermétiquement l'ouverture.

CHAPITRE XV

Le chien enfermé, il fallait mettre le feu au four.

La chose n'était pas facile.

M. Simonin, dont le front était baigné de sueur, sortit de nouveau de la maison et alla prendre sous le hangar une bûche de cœur de sapin, qu'il fendit en petits morceaux.

La veuve Salomon, toute tremblante, le regardait faire.

— Mère, lui dit le jeune maître d'école, je vais accomplir une œuvre barbare, mais toute la responsabilité doit en retomber sur les misérables qui ont mis ce malheureux chien en cet état.

— Comment, dit la veuve, vous croyez, notre maître, qu'il y a de la malveillance là-dessous ?

— J'en suis certain.

— Et qui donc soupçonnez-vous ?

Le maître d'école garda le silence et retourna dans la maison.

Le chien hurlait, se sentant prisonnier.

M. Simonin déterra une bûche du foyer qui brûlait encore sous la cendre, souffla dessus, en fit jaillir une étincelle et alluma des cœurs de résine, puis, ouvrant vivement le guichet de la plaque de tôle, il en lança deux dans le four.

Le chien hurla de plus belle.

Le guichet demeura ouvert, mais M. Simonin tenait auprès un morceau de bois enflammé qui devait empêcher les mouches de sortir.

Le four était garni de branches sèches de sapin.

En quelques minutes tout fut embrasé.

Alors M. Simonin referma le guichet.

Atteint par les flammes, le chien hurlait d'une façon lamentable ; puis, ses aboiements devinrent moins distincts, puis ils s'éteignirent...

La pauvre bête avait été asphyxiée.

Pendant cette sinistre exécution, le maître d'école et la veuve étaient demeurés silencieux, tristes et comme honteux de cette action épouvantable que le salut de tous commandait.

Quand ce fut fini, M. Simonin dit à la veuve :

— Avez-vous remarqué que Médor avait encore un bout de corde au cou?

— Oui, monsieur; ceux qui l'avaient volé l'avaient sans doute tenu à l'attache.

M. Simonin prit un gros carrick qu'il portait l'hiver, et un bâton de houx qui était son arme unique quand il s'en revenait, la nuit, à travers champs.

— Où allez-vous, monsieur le maître? demanda la veuve, le voyant prêt à sortir.

— Je vais tâcher de découvrir mon ennemi, répondit-il.

— Vous ne soupez donc pas?

— Non, je n'ai pas faim. Quant à vous, mère, couchez-vous quand vous aurez soupé, et ne parlez à personne de ce que nous avons fait.

— Oh! bien sûr, dit la veuve.

M. Simonin s'en alla droit à la forêt et gagna l'endroit où l'on avait enterré la vache charbonneuse.

Il faisait clair de lune et on y voyait comme en plein jour.

M. Simonin ne s'était pas trompé ; la vache avait été déterrée à moitié et les renards étaient venus s'y empoisonner.

Tout cela, en apparence, pouvait être l'œuvre du hasard.

Mais tout auprès il y avait un arbre, et autour de cet arbre un bout de corde.

La corde brisée dont il avait retrouvé un fragment au cou du chien.

Dès lors, tout se comprenait à merveille; on avait volé le chien, et on l'avait attaché là pour qu'il fût piqué par les mouches.

M. Simonin fit cette réflexion:

La corde est cassée; or, celui qui a eu cette criminelle idée d'empoisonner le chien songeait sans doute à le venir détacher pour qu'il revînt chez moi en pleine nuit.

Le chien a rompu la corde et il a devancé les intentions du coupable.

Mais il est à peu près certain que le misérable viendra rôder par ici.

M. Simonin s'éloigna de la vache et alla se blottir dans une touffe de broussailles, à trente ou quarante mètres de distance.

Ses prévisions ne tardèrent point à se réaliser. Il entendit un pas furtif qui faisait crier l'herbe sèche et les feuilles qui jonchaient le sol; puis une forme humaine s'agita au clair de lune et s'arrêta tout à coup en poussant une exclamation de surprise :

— Tiens! le chien n'y est plus!

Mais comme le nouveau venu parlait ainsi, un homme bondit sur lui et le saisit à la gorge:

— Ah! misérable! dit-il, je me doutais bien que c'était toi.

— Grâce! murmura Grégoire Chenu, car c'était lui.

— Non, pas de grâce cette fois ! dit le maître d'école en levant son bâton.

L'enfant était devenu livide.

— Ce n'est pas moi qui ai eu l'idée!... dit-il.

Le bras levé de M. Simonin retomba sans frapper.

— Ah! ce n'est pas toi? dit-il.

— Et qui donc?

— C'est le fils Beaudoin.

A ce nom, M. Simonin tressaillit.

— C'est lui, dit Grégoire Chenu, qui voulait à tout prix se sauver, rapport que la demoiselle de la Rousselière...

— Tais-toi! ou je t'étrangle! dit le maître d'école.

— Grâce! grâce! je vous dirai tout...

Et Grégoire Chenu tomba sur ses genoux.

— Parle!...

— Le fils Beaudoin m'a dit comme ça : Si une mouche piquait le magister, il en mourrait, bien sûr.

— Ah! il t'a dit cela?...

— Et si le magister mourait, la demoiselle du père Raynouard...

— C'est bon, je comprends tout...

Et le maître d'école lâcha le petit misérable.

— Maintenant, lui dit-il, écoute-moi bien à ton tour. Le crime que tu as essayé de commettre est suffisant pour t'envoyer aux galères.

Le fils Chenu eut un mouvement d'audace.

— Bah! dit-il, vous n'avez pas de preuve.

— Tu te trompes, on a vu revenir le chien chez moi...

— Monsieur, dit l'enfant qui reprit un ton suppliant, si vous me pardonnez je vous donnerai un coup de main pour perdre le fils Beaudoin.

Tant de cynisme et d'effronterie firent horreur à M. Simonin.

Il repoussa le petit misérable.

— Va-t'en! lui dit-il. Ce n'est pas à toi que j'en veux!

Et le maître d'école, à bout de patience, le cœur ulcéré, éprouvant enfin les bouillonnements de cette passion humaine qu'on appelle la vengeance, s'élança dans la direction du Tilleul.

Le jeune apôtre redevenait homme et subissait l'influence des sentiments humains.

CHAPITRE XVI

Pendant sa course presque furieuse, M. Simonin se disait :

— Voilà un an que je suis dans ce pays; j'ai cherché à faire le bien, j'ai aidé les uns de ma bourse, les autres de mes conseils; j'ai instruit quiconque est venu à mon école, et je ne recueille que de l'ingratitude, et, par deux fois, on attente à ma vie.

Oh! cet homme que je ne connais pas, à qui je n'ai jamais fait aucun mal et qui a voulu ma mort, je le hais!

M. Simonin, en proférant ces paroles impies, ne s'avouait pas une chose, c'est qu'il obéissait à un sentiment de jalousie profonde.

M. Simonin aimait Mlle Raynouard, que le

fils Beaudoin voulait épouser, et les passions tumultueuses de l'homme étouffaient momentanément en lui la voix de la justice et de la raison.

Les premières clartés de l'aube glissaient à l'horizon et blanchissaient l'aiguille du clocher du Tilleul.

Avant qu'il fût question du mariage de Marie Raynouard avec le fils Beaudoin, M. Simonin ignorait jusqu'au nom de ce dernier ; mais depuis que la nouvelle de cette alliance s'était répandue dans le pays, M. Simonin, malgré lui, s'était beaucoup occupé du futur notaire.

Il connaissait ses relations avec la Marlotte, et, un jour, il y avait environ un mois, il s'était fait montrer la maison de cette dernière.

Or, cette maison, nous l'avons déjà dit, était un peu isolée en dehors du pays, et c'était la première qu'on trouvait en venant de Saint-Donat.

La colère n'empêchait point M. Simonin de raisonner.

Si le fils Beaudoin était quelque part, bien certainement ce n'était pas chez lui, mais chez la Marlotte.

En route, le jeune maître d'école avait achevé de se monter la tête.

Jamais peut-être il ne s'était avoué son amour avec autant de naïveté ; et cet amour était d'une telle violence qu'il en arrivait à se dire que le fils Beaudoin était de trop en ce monde.

Il est vrai qu'on disait bien que le mariage était rompu ; mais, puisque le fils Beaudoin avait tenté de le faire assassiner, lui, M. Simonin, — c'est qu'il ne perdait pas l'espoir de le renouer.

Ce fut sous ces déplorables dispositions d'esprit que M. Simonin arriva chez la Marlotte.

Il frappa rudement, on ne lui répondit pas.

Il frappa encore, même silence.

Comme chez tous les paysans, la clef était sur la porte.

M. Simonin tourna cette clef et entra.

Le feu était allumé ; et, auprès du feu, il y avait une femme assise, immobile, farouche, qui ne tourna pas même la tête en voyant entrer M. Simonin.

C'était la Marlotte.

La Marlotte roulait un œil hagard et plein de fièvre.

Elle ne pleurait pas, mais elle avait pleuré ; on en voyait les traces sur ses joues.

En présence de cette douleur qui avait quelque chose de sinistre, M. Simonin s'arrêta indécis sur le seuil.

Les chaises étaient renversées, le lit bouleversé, et tout attestait dans la maison une lutte récente qui avait dû être d'une violence inouïe.

La Marlotte se retourna enfin vers M. Simonin.

— Qui êtes vous donc? fit-elle d'une voix rauque.

— C'est vous qu'on appelle la Marlotte, n'est-ce pas? demanda M. Simonin.

— Oui, c'est moi, que me voulez-vous ?

— Vous connaissez le fils Beaudoin ?

— C'est un misérable, dit la Marlotte.

M. Simonin devina qu'il avait en cette femme un auxiliaire.

— Je croyais le trouver ici, dit-il, en regardant autour de lui et s'apercevant que la Marlotte était seule.

— Il n'y viendra plus, fit-elle; il m'a battue.

— Ah ! fit M. Simonin qui commençait à comprendre.

— Oui, dit-elle avec animation, je suis forte pourtant, et je me suis défendue; mais un homme, c'est toujours plus fort.

Puis, comme si elle eût deviné que M. Simonin, lui aussi, devait haïr le fils Beaudoin :
— Mais qui donc êtes-vous ? répéta-t-elle.
— Je m'appelle Simonin.

A ce nom elle se dressa tout d'une pièce et le regarda fixement :

— Vous êtes M. Simonin, dit-elle, le maître d'école de Saint-Donat ?
— Oui.
— C'est vous qui aimez la fille au père Raynouard ?

M. Simonin fit un geste de dénégation; mais elle continua :

— C'est pas la peine de me tromper, je sais tout, à preuve que Beaudoin a juré votre mort.

M. Simonin tressaillit.

— Mais, dit la Marlotte, je suis là, moi, et je vous défendrai... allez!... car je veux me venger!... Il m'a battue, parce que je voulais qu'il assurât du pain à mon enfant...; et puis, il dit qu'il ne me craint plus... à preuve que le *Parisien* lui a promis de ne rien dire.

Ces mots éveillèrent l'attention de M. Simonin.

— Que pouvez-vous avoir à dire contre lui ? demanda-t-il.

— J'ai à dire qu'il a volé la fortune de l'oncle Beaudoin, et qu'il a brûlé le testament.

M. Simonin tressaillit et regarda la Marlotte.

— Avez-vous la preuve de ce que vous avancez là? dit-il.

— Oui, car il m'a écrit une lettre, l'an dernier...; il ne s'en souvient plus, et je ne m'en souvenais pas moi-même..., quand le Parisien est venu ; mais je l'ai retrouvée....

Elle se leva et alla fouiller dans le tiroir d'un bahut.

Puis elle en retira un morceau de papier déjà jauni, dont M. Simonin s'empara avidement.

— Je vous jure bien, dit la Marlotte, que si vous n'y prenez garde, il vous tuera d'une manière ou d'une autre; il a mis dans sa tête qu'il épouserait la fille Raynouard, et il l'épousera, allez !

Ces mots arrivaient trop habilement en situation pour ne pas achever d'exaspérer M. Simonin.

Il déplia le papier et lut.

C'était un billet que, dans un moment d'expansion, le fils Beaudoin avait écrit d'Orléans à sa maîtresse, après qu'un jugement du tribunal civil l'avait mis en possession de la fortune de son oncle.

Le billet était ainsi conçu :

« Ma vieille, l'affaire est toisée...; on ne saura jamais qu'il y a eu un testament, et les frusques de l'oncle sont à nous. »

C'était là une preuve terrible.

M. Simonin, que la haine et la jalousie aveuglaient, dit à la Marlotte :

— Eh bien, que comptez-vous faire de cela?

— L'envoyer à la justice.

Puis elle se ravisa :

— Après ça, dit-elle, on ne me croira peut-être pas, moi, parce que je suis une femme de mauvaise vie; mais vous, qui êtes un monsieur, un homme quasiment de loi, on aura confiance en vous. Prenez cette lettre...

M. Simonin retira vivement sa main, puis il la tendit, puis il la retira encore.

Ce fut une lutte héroïque, d'une seconde, entre les passions de l'homme et la sagesse du maître d'école.

La sagesse fut vaincue : les passions triomphèrent...

M. Simonin s'empara vivement de la lettre; puis, comme un homme qui vient de commettre une mauvaise action, il s'élança hors de la maison et se prit à courir dans la direction de Saint-Donat.

Cette lettre qu'il serrait dans sa main crispée, c'était le bagne pour celui qui avait voulu sa mort et qui convoitait la femme qu'il aimait. Cette lettre, c'était la perte de son rival, c'était la vengeance!

Comme il sautait la route communale pour prendre le chemin de halage qui abrége considérablement la distance entre le Tilleul et Saint-Donat, M. Simonin tressaillit.

Un enfant cheminait devant lui, et dans cet enfant le jeune maître d'école reconnut Denis Passereau.

Il était six heures du matin. Un paquet de livres sous son bras, grignotant un morceau de pain, le studieux enfant se rendait à l'école.

Au bruit des pas précipités du maître d'école, Denis Passereau se retourna.

— C'est vous, monsieur le maître? dit-il; vous êtes matinal.

— Moins que toi, répondit M. Simonin d'une voix altérée. Où vas-tu?

— Mais, dame! je vais à l'école... vaut mieux être en avance qu'en retard, dit l'enfant.

— Tu peux t'en retourner, dit M. Simonin.

— Pourquoi donc ça, monsieur le maître?

— Parce que je ne ferai pas mon école aujourd'hui.

— Ah!

— Je vais à Orléans... voir le procureur impérial... murmurait M. Simonin qui essayait de se raffermir dans sa résolution.

— Et pourquoi faire? demanda naïvement Denis Passereau.

— Pour lui dénoncer un misérable qui a voulu m'assassiner! s'écria M. Simonin au comble de l'exaspération.

— Mais l'enfant le regarda avec étonnement et lui dit d'une voix douce et triste :

— Comment! c'est vous, monsieur le maître qui parlez ainsi?

Le maître d'école tressaillit.

L'enfant continua avec douceur :

— Hier, à cette même place, ne m'avez-vous pas dit que Dieu défendait qu'on se venge?

M. Simonin étouffa un cri ; puis il déchira la lettre accusatrice en mille morceaux et les jeta dans le canal.

— Mon Dieu! murmura-t-il, pardonnez-moi.

CHAPITRE XVII

Depuis que son mariage était rompu, et bien qu'il conservât le secret espoir de renouer quelque jour avec Mlle Raynouard, le fils Beaudoin ne se gênait plus pour aller chez la Marlotte en plein jour.

Mais depuis lors aussi, la bonne harmonie avait été complétement détruite entre lui et sa maîtresse.

Quelque confiance qu'il pût avoir en la loyauté du *Parisien*, — c'était le nom qu'il me donnait, — le fils Beaudoin était troublé nuit et jour, et il lui semblait toujours voir poindre un bout de tricorne à l'horizon.

Aussi, matin et soir, avait-il une scène terrible avec la Marlotte.

Ce matin-là, bien avant le jour, la querelle avait recommencé.

— Misérable gueuse! avait-il dit tandis qu'il nettoyait son fusil, tu as jasé, et je pourrais bien aller au bagne!

La Marlotte avait commencé par garder un silence farouche, puis elle avait répondu aux invectives par des invectives.

— Fille de bohémiens, avait dit encore le fils Beaudoin, je te ferai crever sur la paille, toi et ton enfant!

— Mon enfant n'est pas la cause si tu es un voleur! avait répondu la Marlotte.

A ces mots, le fils Beaudoin s'était jeté sur elle.

La lutte avait été longue, acharnée.

La Marlotte était forte ; elle s'était défendue avec énergie.

Mais, comme elle l'avait dit un peu plus tard à M. Simonin, un homme est toujours plus fort qu'une femme, et elle avait fini par succomber.

Après l'avoir rouée de coups, le futur notaire avait pris son fusil, sifflé *Baliveau* et s'en était allé à la chasse.

Qu'était-ce que Baliveau?

Le fils Beaudoin, comme la plupart des

chasseurs de plaine, aurait dit mon ami Chârles de L.., n'avait pas de chien ; un chien coûte toujours plus qu'il ne rapporte, se disait-il.

Mais le hasard lui avait fait trouver Baliveau en forêt, il y avait quinze jours, et Baliveau l'avait suivi.

C'était un petit chien de meute, un harrier sous poil tricolore qui chassait tout, depuis le chevreuil jusqu'au lapin.

Quand le fils Beaudoin le trouva, il poussait gaillardement un lièvre.

Le futur notaire alla se mettre au passage et tua le lièvre.

Le chien lui en lança un second qui eut le même sort.

Alors le fils Beaudoin lui donna parcimonieusement un morceau de pain.

Le chien était perdu ; il passa la journée avec son maître de hasard et le suivit le soir chez la Marlotte.

A la porte de celle-ci le fils Beaudoin voulut renvoyer le chien ; mais le chien se coucha et fit l'humble.

La Marlotte lui donna de la soupe ; le lendemain Baliveau lança un chevreuil. Le fils Beaudoin tua le chevreuil.

Alors le futur notaire se dit :

— Voilà un chien qui est d'un bon rapport, sans compter qu'il vaut au moins huit pistoles; je trouverai toujours à le vendre après la fermeture.

Et il garda le chien.

Quand Baliveau était chez son nouveau maître, il mangeait mal, recevait les coups de pied du père Beaudoin et des coups de balai de la servante.

La Marlotte, au contraire, le caressait et lui donnait abondamment à manger.

Le chien subissait le fils Beaudoin, parce que ce dernier le menait à la chasse, et que chien qui chasse est content; mais le cœur n'y était pour rien.

Au contraire, il aimait la Marlotte et son enfant, et souvent il s'asseyait gravement devant le berceau et contemplait le marmot avec son grand œil humide et affectueux.

Lorsque le fils Beaudoin et la Marlotte s'étaient querellés, Baliveau était enfermé dans la cour; il avait entendu la Marlotte crier, et il s'était mis à gronder avec furie.

Nul doute que, s'il avait assisté à la bataille, il n'eût sauté à la gorge du fils Beaudoin.

Aussi, quand celui-ci partit en le sifflant,

Baliveau le suivit-il en grondant d'un air de reproche et de colère.

Mais qu'importait au futur notaire qu'un chien blâmât sa conduite, à lui qui se souciait à peine de l'opinion des hommes?

Nous l'avons dit, la maison de la Marlotte avait deux portes, l'une qui donnait dans la dernière rue du Tilleul, l'autre sur les champs; devant cette deuxième issue, il y avait une grande pièce de luzerne qu'on laissait pour graine.

La maison était précédée par une cour qu'on traversait, en entrant du côté de la rue.

Comme le chien était dans la cour, c'était par là que le fils Beaudoin s'était en allé. Des voisins, qui se levaient avant le jour pour aller aux champs, avaient entendu la querelle, et, comme la chose n'était pas rare, ils n'avaient point jugé bon d'intervenir.

Mais, le fils Beaudoin parti, ils avaient vu la Marlotte venir refermer la porte de la cour, geignant et jurant, et disant tout haut que la colère du ciel atteindrait tôt ou tard le misérable qui osait battre une femme.

Qu'on nous pardonne ces détails, insignifiants en apparence, mais qui devaient être plus tard d'une gravité terrible.

Tout à l'entour du Tilleul, il y a des terres arables, quelques vignes et de petits bouquets de bois et d'épines qui sont d'excellentes remises pour le gibier qui, sorti de la forêt pendant la nuit, a été surpris en plaine par les premiers rayons du jour.

Le fils Beaudoin était donc entré dans ces vignes et ces boqueteaux, et il les avait battus patiemment, ne songeant plus à la Marlotte.

En sortant du dernier buisson, il se trouva en rase campagne et à un demi-kilomètre du village, vis-à-vis de la grande pièce de luzerne qui touchait à la maison de la Marlotte.

Le soleil n'était pas levé, mais il était jour.

Le fils Beaudoin, qui allait tourner le dos au village et remontait vers la forêt, s'arrêta net tout à coup.

Il vit un homme qui sortait de la maison de la Marlotte et s'en allait en courant, traversait la pièce de luzerne, gagnait la route et se dirigeait vers le canal.

Les instincts brutaux du fils Beaudoin se réveillèrent soudain.

Il devint jaloux.

Quel était cet homme? La distance était trop considérable pour qu'il pût le reconnaître;

mais il s'imagina tout de suite avoir affaire à un rival.

— Ah! la gueuse! dit-il.

Et il s'élança vers la maison.

La luzerne était trop épaisse pour qu'on y pût courir à son aise. Le fils Beaudoin fit un détour, passa au bord du champ et, grâce à la sécheresse, ne laissa aucune trace de ses pas.

Puis il arriva chez la Marlotte.

La porte était ouverte, la Marlotte essayait de remettre son ménage en place.

Le fils Beaudoin ferma la porte sur lui et ne prit pas garde que Baliveau était entré.

— Que veux-tu encore, misérable? lui dit la Marlotte, qui devina à son visage bouleversé qu'il allait de nouveau se porter envers elle à des voies de fait.

— Ce que je veux, gueuse! dit-il en déposant son fusil et s'avançant vers elle menaçant, je veux savoir quel est le galant qui sort de chez toi.

Elle eut un rire nerveux :

— Ce n'est pas un galant, dit-elle; c'est le maître d'école de Saint-Donat qui venait ici pour te tuer, car le petit Chenu lui a tout dit.

— Eh bien, qu'il y vienne! répondit le fils Beaudoin d'un ton de menace.

— Il ne viendra pas maintenant, sois tranquille, répondit la Marlotte en ricanant.

— Il n'oserait pas !...

— Oh ! ce n'est pas ça, va ; il a de quoi te perdre, voleur !

— Te tairas-tu ! s'écria le fils Beaudoin.

— Je lui ai donné la lettre que tu m'as écrite d'Orléans, tu sais, rapport au testament, dit encore la Marlotte dont l'œil étincelait de haine et de colère.

— Ah ! misérable !

— Tu iras au bagne ! va !

Ce mot de *bagne* fit perdre au fils Beaudoin sa dernière parcelle de sang-froid.

Il se précipita sur la Marlotte et la prit à la gorge.

Mais alors le chien se jeta sur lui et le mordit avec furie.

CHAPITRE XVIII

La Marlotte se défendit comme une lionne. Elle essaya de se dégager de la terrible étreinte du fils Beaudoin qui criait :

— Ah! tu veux que j'aille au bagne! Eh bien, je n'irai pas pour rien, va!

Le chien continuait à le mordre, tantôt aux jambes, tantôt aux mains.

Le misérable repoussait le chien à coups de pied, mais ses mains crispées ne lâchaient pas le cou de la Marlotte.

La lutte fut horrible; la victime parvint à se dégager une minute, et elle mordit son bourreau.

Mais le bourreau la reprit à la gorge et serra de plus belle.

La Marlotte ne pouvait plus parler ; le chien, atteint d'un coup de pied à la tête, s'affaissa sur le sol et ne revint plus à la charge.

Tout à coup, enfin, la Marlotte roula des yeux hagards, sa langue sortit de sa bouche longue d'un demi-pied, son corps cessa de se roidir.

Elle ne se débattit plus, elle ne lutta plus...

Et comme le fils Beaudoin, ahuri, desserrait les mains, elle s'affaissa sur le carreau de la chambre.

La Marlotte était morte.

L'enfant épouvanté pleurait dans son berceau ; le chien hurlait et ne pouvait plus se traîner...

Et le fils Beaudoin sentait ses cheveux se hérisser.

A son premier crime il venait d'en ajouter un second.

Le voleur était devenu assassin !...

La rue qu'habitait la Marlotte n'avait que quatre ou cinq maisons, dont les hôtes étaient de pauvres journaliers.

Une heure auparavant, quand le fils Beaudoin était parti pour la chasse, les voisins l'avaient vu sortir ; quand il était revenu, tout le monde était parti pour les champs et personne ne l'avait vu rentrer.

Le chien n'avait point perdu son temps à aboyer, il avait mordu.

Maintenant que le vaillant animal était vaincu, il se plaignait douloureusement, mais ses plaintes ne retentissaient pas à une grande distance. Quant à l'enfant, il pleurait habituellement, et si quelqu'un avait passé près de la maison, il ne s'en fût pas inquiété autrement.

Demeura-t-il une heure ou dix minutes debout, foudroyé, la gorge crispée, l'œil sanglant en présence de sa victime inanimée, auprès de laquelle le chien s'était traîné, hurlant toujours, ce misérable qui venait d'étrangler la mère de son enfant ?

Dieu seul le sait!

Mais, pendant cette heure ou ces dix minutes, il vit se dresser devant lui le terrible spectacle de la cour d'assises, et, au delà, les bras rouges de l'échafaud.

Sa première pensée fut de fuir; et il eut peur de ce cadavre encore pantelant.

Puis il s'empara de son fusil, en plaça le canon sous son menton et voulut se brûler la cervelle.

Mais le courage lui manqua.

Alors, ivre de peur, il alla verrouiller la

porte, comme si déjà les gendarmes eussent gravi les marches de l'escalier extérieur.

Dans cette deuxième lutte, les meubles remis en place par la Marlotte avaient été de nouveau renversés.

Une idée infernale et bien digne de l'imagination d'un assassin germa alors dans sa tête et l'illumina comme un éclair.

— Personne ne m'a vu entrer, se dit-il.

Il monta dans le grenier, tout tremblant encore, mais déjà maître de son sang-froid et de sa raison.

Le grenier avait quatre ouvertures, situées aux quatre angles du toit et qui permettaient, par conséquent, de voir tout à l'entour de la maison.

Il se mit successivement à chacune.

Au sud, au nord et à l'ouest, les champs étaient déserts à une grande distance.

A l'est, c'était la rue, et dans la rue il n'y avait personne.

Au delà des maisons de la rue, on voyait encore les champs, et dans les champs un chemin qui descendait de la forêt vers le village.

Le fils Beaudoin avait l'œil perçant comme un paysan doublé de chasseur.

Dans ce chemin, à une assez grande distance, il vit un chariot traîné par des vaches et conduit par un homme.

Homme et chariot, il reconnut tout.

C'était le plus près voisin de la Marlotte qui avait pris à l'entreprise une petite coupe de bois, et l'exploitait avec sa femme et ses deux fils.

Tous quatre étaient partis bien avant le jour, bien avant, par conséquent, la première querelle qui avait eu lieu entre le fils Beaudoin et sa maîtresse.

Le père revenait avec un premier chargement, et le fils Beaudoin calcula que dans quelques minutes il entrerait dans la rue.

Alors le misérable redescendit du grenier, reprit son fusil et jeta un regard insensible au cadavre de sa maîtresse que le pauvre chien léchait aux mains et au visage.

L'enfant ne pleurait plus, il s'était rendormi.

Le fils Beaudoin ouvrit la porte qui donnait sur les champs et qui fermait au loquet.

Puis, l'ayant tirée sur lui, il eut la précaution de retirer ses souliers, qui auraient pu marquer dans une flaque d'eau bourbeuse qui se trouvait au bas de l'escalier, et ne les remit que lorsqu'il eut contourné la maison.

Alors il entra bruyamment dans la rue, sifflant et appelant :

— Hé ! Baliveau ! Ici, Baliveau !

Après cela, il vint frapper à la porte de la cour.

— Ohé ! la Marlotte, cria-t-il.

Comme cette porte était fermée en dedans, il se mit à frapper et fit un sabbat d'enfer.

En ce moment, le voisin, qui se nommait Jérôme Tringou, entrait dans la rue avec son chariot.

— Hé ! la Marlotte ? criait toujours le fils Beaudoin.

Le paysan le regarda d'un air narquois :

— Est-ce qu'elle ne veut pas vous ouvrir, la *demoiselle ?* dit-il.

— Ce n'est pas pour elle que je veux entrer, dit le fils Beaudoin; c'est pour mon chien.

— Votre chien ?

— Oui, le drôle en avait assez de la chasse, paraît-il; il a pris le chemin de la soupe; mais ça ne m'arrange pas.

Et le fils Beaudoin frappait de plus belle.

— Faut que la Marlotte soit sortie, dit le voisin, sans ça elle vous répondrait.

— C'est pas une raison, père Jérôme.

— Alors elle a le sommeil dur, car vous faites assez de train pourtant.

— Non, mais nous sommes en désaccord...

— Ça vous arrive souvent, ça, ricana le paysan.

— Nous avons eu des mots ce matin, reprit le fils Beaudoin qui frappait toujours.

— Avez-vous passé par derrière?

— Non, dit effrontément le misérable.

Mais, en sortant, il avait eu la précaution d'ôter la clef qui se trouvait dans la serrure en dehors, et d'arracher la ficelle qui faisait mouvoir le loquet.

Puis il avait tiré la porte.

Jérôme Tringou était complaisant, comme le sont les paysans vis-à-vis de ce qu'ils appellent les bourgeois.

— Faisons le tour, dit-il, vous ne parlerez pas. J'appellerai la Marlotte, moi, et elle m'ouvrira.

Comme ils contournaient la maison, le paysan indiqua du doigt la luzerne.

— Vous voyez bien qu'elle est sortie, la Marlotte, dit-il.

En effet, le maître d'école, on s'en souvient, avait traversé la luzerne en s'en allant. Or, la luzerne était mouillée par la rosée et l'herbe s'était couchée sous les pas de M. Simonin qui, sans le vouloir, avait laissé une trace accusatrice de son passage.

Mais le fils Beaudoin répondit :

— Ça m'est égal, je veux mon chien !

Un gémissement arriva aux oreilles du paysan. C'était le chien qui se plaignait.

— Il est dans la maison, dit Jérôme Tringou.

Et il monta les trois marches qui séparaient la porte du sol.

— Ah ! mais, dit-il, la porte est fermée ! la bobinette a été retirée.

— Voilà ma clef à moi, dit le fils Beaudoin.

Et il s'arc-bouta contre la porte.

La porte n'était pas très-solide ; elle céda...

Mais soudain Jérôme, qui se trouvait derrière le fils Beaudoin, jeta un cri d'épouvante.

Il venait d'apercevoir le cadavre de la Marlotte étendu au milieu de la chambre.

CHAPITRE XIX

M. Simonin, après avoir jeté les fragments de la lettre déchirée dans le canal, était rentré chez lui, en compagnie du petit Denis Passereau. Il avait fait sa classe comme à l'ordinaire, de sept heures à onze heures du matin, mais ses écoliers avaient pu voir qu'il avait comme un nuage de profonde tristesse sur le visage.

A onze heures, ses écoliers étaient allés prendre leur récréation, les uns dans la cour de la maison d'école, les autres dans la rue unique de Saint-Donat, devant l'église, où il y avait une petite place plantée de tilleuls.

Chacun d'eux avait ouvert son panier et commencé à déjeuner.

M. Simonin, lui, avait répondu à la mère Salomon qu'il n'avait pas faim, et il s'était enfermé dans sa chambre.

Là le jeune homme s'était mis à pleurer.

Juge sévère envers lui-même, il s'accusait des pensées mauvaises qui avaient germé dans son esprit.

Jusqu'alors il avait eu foi en lui-même; il s'était senti plus fort et meilleur que tous ces hommes qu'il s'était donné mission de régénérer, et cependant comme eux, et plus qu'eux peut-être, il venait de s'abandonner aux plus coupables instincts, la jalousie et la vengeance.

— Je ne suis pas le maître de ne plus aimer Marie Raynouard, se disait-il, mais je pouvais étouffer les battements de mon cœur et lui imposer silence.

Et si j'avais rencontré cet homme; si, obéissant à ma jalousie, je l'avais tué, cette malheureuse jeune fille n'était-elle pas compromise à jamais?

A cette dernière pensée, M. Simonin sentait ses cheveux se hérisser et la sueur perler à son front.

Il reprit sa classe à une heure, toujours triste, toujours ému, à ce point que ses écoliers en furent frappés.

Mais il avait à peine commencé sa leçon que la veuve Salomon entra tout effarée dans la classe.

— Monsieur, monsieur, dit-elle, voici les gendarmes!

M. Simonin se leva étonné, et derrière la veuve il vit apparaître le tricorne du brigadier de gendarmerie.

M. Simonin était secrétaire de la mairie, et, comme tel, il avait souvent affaire au brigadier, — la gendarmerie et les mairies de village étant fréquemment en rapport tantôt pour le contingent réclamé par la conscription, tantôt pour un procès-verbal dressé à un cabaretier ou à un braconnier.

M. Simonin crut qu'il était question d'une affaire de cette nature, et il dit au brigadier :

— Excusez-moi. Nous allons monter dans la salle de la commune.

— Comme vous voudrez, dit le brigadier.

M. Simonin quitta sa modeste chaire, recommanda à ses élèves d'être sages en attendant son retour, et il fit monter le brigadier au premier étage, car la maison d'école était, en même temps, la mairie.

En passant devant la porte de la rue, il

avait aperçu un autre gendarme qui tenait en main le cheval du brigadier.

— Vous avez l'air souffrant, lui dit le brigadier, comme ils montaient l'escalier.

M. Simonin tressaillit.

— Oui, dit-il, en effet, je suis un peu fatigué.

Il poussa la porte de cette salle où avaient lieu les délibérations du conseil municipal, avança une chaise au brigadier et lui dit :

— De quoi s'agit-il, monsieur Sautereau ?

Le brigadier ôta son tricorne et s'essuya le front ; il était visiblement embarrassé, et M. Simonin aurait pu, lui aussi, remarquer qu'il était fort triste.

— J'ai chaud, répéta le brigadier d'une voix émue.

C'était un vieux soldat à moustache presque blanche, décoré et chevronné. Il y avait plus de quinze ans qu'il commandait la brigade de Jargeau, et il avait une telle réputation de bonhomie qu'on l'appelait volontiers le père Sautereau ou le bon brigadier.

— Voulez-vous vous rafraîchir ? dit M. Simonin.

— Non, merci, je n'ai pas le temps...

— Est-ce que vous venez pour un procès-verbal ?

— Oui, dit le brigadier, je viens du Tilleul.

— Ah!

— Est-ce que vous n'y êtes pas allé vous-même, ce matin? reprit le brigadier.

M. Simonin tressaillit.

— Oui... en effet... mais il était bien matin... Qui vous a dit ça?

Et le maître d'école, en parlant, était ému; et le brigadier le regardait avec une douloureuse attention.

— Il était si matin, reprit le brigadier, que vous avez traversé une luzerne qui s'est *assolée* sous vos pieds.

M. Simonin se prit à sourire:

— Oh! oh! dit-il, est-ce que j'aurais commis un délit, et le garde champêtre du Tilleul... vous aurait-il chargé de me déclarer procès-verbal?

— Non, dit le brigadier. Mais enfin, vous êtes allé au Tilleul, et c'est bien vous que les paysans qui travaillaient de l'autre côté du canal ont aperçu sur le chemin de halage, causant avec le petit Passereau?

— C'est moi, dit M. Simonin étonné.

— A l'entrée du bourg, vous avez rencontré Pierre Michel, le meunier?

— Oui, certainement. Mais où voulez-vous en venir?

— Que diable êtes-vous donc allé faire au Tilleul? reprit le brigadier.

— Ah! père Sautereau, dit M. Simonin, vous êtes un peu bien curieux, ce me semble.

— Est-ce que vous n'êtes pas allé chez une fille assez mal famée qu'on appelle la Marlotte?

A ce nom, M. Simonin pâlit, car il se souvint des mauvaises pensées qui l'avaient agité le matin.

— Que vous importe? dit-il.

— Mon cher monsieur, dit le brigadier, de plus en plus ému, je vous conjure de me répondre franchement.

— Eh bien, oui, je suis allé chez la Marlotte.

— Dans quel but?

— Ah! dit M. Simonin, voilà ce que je ne puis vous dire.

Le brigadier lui prit la main :

— Vous avez pourtant l'air d'un bien brave homme, dit-il. Voyons, parlez-moi franc.

— Mais je n'ai rien à vous dire.

— De grâce! murmura le brigadier avec l'accent de la prière, je suis sûr que d'un mot vous vous justifieriez...

A ces mots, M. Simonin se leva vivement.

— Me justifier! dit-il, et de quoi m'accuse-t-on?

— Oh! poursuivit le brigadier, vous avez l'air trop honnête... c'est impossible.

M. Simonin, se souvenant des paroles de la Marlotte, prit le change. Il supposa qu'après avoir, dans le fort de la colère, fourni des preuves contre le fils Beaudoin, elle s'était ravisée et avait ourdi contre lui quelque grossière calomnie.

— Voyons, dit le brigadier suppliant, vous aviez quelque motif d'aller chez la Marlotte?

— Sans doute.

— Et le motif?...

— Je ne puis le dire, répondit M. Simonin avec fermeté.

Une grosse larme roula sur la joue du brigadier.

— J'ai pourtant parié ma tête à couper au juge de paix du Tilleul que ce ne pouvait être vous...

— Mais de quoi m'accuse-t-on? s'écria M. Simonin.

— On vous accuse, dit le brigadier, d'être l'auteur du meurtre, car on a trouvé, moins d'une heure après votre départ, la Marlotte assassinée...

M. Simonin jeta un cri, puis il couvrit son visage de ses deux mains et murmura :

— Ah ! je suis puni !...

Dans sa pensée, il avait été coupable une heure, et le châtiment arrivait terrible, foudroyant...

A partir de ce moment, il ne parla plus... il ne bougea plus...; on eût dit qu'il était frappé du feu céleste.

Il ne songea même pas à protester de son innocence, et pendant dix minutes ce fut une scène digne du pinceau d'un maître que l'attitude de ces deux hommes.

M. Simonin, muet, atterré, attachait un œil hagard sur le brigadier.

Le vieux soldat, triste, les yeux humides, contemplait ce jeune homme dont on avait dit tant de bien jusque-là, dont le visage était si honnête, et qui cependant se trouvait sous le coup d'une accusation capitale.

Enfin, M. Simonin ouvrit la bouche :

— Ainsi, dit-il, vous venez m'arrêter ?

Le brigadier fit un signe de tête affirmatif et répondit ensuite :

— C'est égal, je crois à votre innocence,

moi, et je suis bien sûr que vous la prouverez.

M. Simonin ne répondit pas, mais il se leva et fit un geste qui signifiait :

— Allons! je suis prêt à vous suivre.

Le brigadier fit quelques pas vers la porte; M. Simonin, qui marchait devant lui, se retourna.

— Peut-être, dit-il, allez-vous être obligé de me mettre les menottes?

— Oui, dit le brigadier, mais en route... hors du pays... faut pas faire d'esclandre.

Et il s'essuya les yeux du revers de sa manche.

M. Simonin était obligé, pour sortir de la maison d'école, de traverser sa classe.

Les écoliers avaient un tel respect pour lui, qu'en le voyant reparaître, nul ne soupçonna la vérité.

— Mes enfants, leur dit M. Simonin, vous pouvez rentrer dans vos familles, je vous donne congé pour aujourd'hui et peut-être pour demain.... Denis Passereau s'élança vers lui.

— Mais, notre maître, dit-il, il vous arrive donc un malheur?

— Oui, mon enfant, répondit M. Simonin ému.

Les enfants se mirent à pleurer sans savoir pourquoi.

Le village était presque désert tout à l'heure, et tout le monde était aux champs.

Et cependant, comme il sortait de chez lui, et pressait silencieusement la main à la veuve Salomon, qui fondait en larmes, M. Simonin vit un rassemblement devant la forge de Branchu.

Un homme qui venait du Tilleul avait apporté la nouvelle de l'assassinat de la Marlotte.

En voyant passer M. Simonin, tout le monde se découvrit respectueusement.

Le brigadier se mit en selle et, pour essayer de donner le change à la population, il dit à M. Simonin :

— Venez, monsieur le maître, je suis bien sûr que vous allez nous donner un fier coup de main.

Le jeune maître d'école se mit à marcher à côté du brigadier, qui retenait son cheval le plus possible.

Quand ils furent hors du pays, derrière un bouquet d'arbres, le brigadier mit pied à terre et explora l'horizon.

— Personne ne nous voit, dit-il. Et puis, heureusement, vous avez une blouse, vous mettrez vos mains dessous.

Mais, en ce moment aussi, des pas se firent entendre dans un petit sentier qui traversait le bouquet d'arbres et venait rejoindre la route.

Et dans ce sentier une femme parut, et M. Simonin sentit tout son courage l'abandonner.

C'était Marie Raynouard.

CHAPITRE XVIII

Pour expliquer comment on avait pu aller tout droit à M. Simonin comme à l'auteur du crime, il est nécessaire de revenir en arrière et de raconter ce qui s'était passé dans la maison de la Marlotte.

Le père Jérôme s'était mis à crier en voyant le cadavre.

Quant à maître Beaudoin, il crut devoir jouer la stupeur; puis il se jeta sur le corps de la Marlotte et se mit à sangloter.

Mais le chien, tout mourant qu'il était, gronda avec fureur.

— Fiche-nous donc la paix, imbécile! dit le fils Beaudoin qui revint à ses instincts de brutalité et repoussa le chien d'un coup de pied.

Deux paysans qui passaient sur la route, en ce moment, entendirent les cris du père Jérôme et accoururent.

— Ce pauvre monsieur! dit l'un d'eux, en voyant le fils Beaudoin qui s'arrachait les cheveux.

L'un des paysans dit :

— Il faut aller chercher les gendarmes!

— Oui... oui... allez! répondit le fils Beaudoin. Il faut qu'on retrouve l'assassin!

Et il continua à pleurer, donnant de temps à autre un coup de pied au chien, qui se traînait vers lui et voulait l'empêcher de toucher à la Marlotte.

Le Tilleul est un chef-lieu de canton, mais les gendarmes sont à Jargeau.

Il n'y a au Tilleul que le juge de paix.

La maison de ce magistrat est située à l'autre extrémité du pays, et un bon quart d'heure s'écoula avant qu'il arrivât, suivi de son greffier, sur le lieu du crime.

Il avait laissé l'ordre chez lui de lui expédier les gendarmes, qui devaient venir précisément dans la matinée pour la correspondance.

Mais dans le quart d'heure qui s'écoula avant l'arrivée du juge de paix, le pays avait eu le temps de se mettre en rumeur, et bientôt la maison de la Marlotte fut pleine de monde.

Or, parmi les gens accourus les premiers, se trouvait un petit garçon de quinze ou seize ans, qu'on avait surnommé, sans doute à cause de sa mine futée, *le Putois*.

Le Putois était braconnier, et, un jour qu'il avait tué un lièvre sur les terres du fils Beaudoin, celui-ci lui avait administré une volée de coups de pied et de coups de poing dont l'enfant avait gardé rancune.

Or, tandis que tout le monde croyait aux larmes et à la douleur du fils Beaudoin, le Putois remarqua que le chien tournait sans cesse un œil féroce contre son maître.

Le chien avait une horrible plaie à la tête. Le soulier ferré du fils Beaudoin, tandis qu'il étranglait la Marlotte, lui avait mis à nu l'os frontal.

Le Putois se mit à caresser le chien, tandis que le juge de paix arrivait, et il prit de l'eau dans un baquet et lava la plaie.

Tandis qu'il se livrait à cette opération, il remarqua que le fils Beaudoin avait à sa blouse plusieurs accrocs, et qu'il avait du sang au bras gauche.

Mais il garda toutes ses observations pour lui, et continua à caresser le chien.

Le juge de paix constata d'abord que la Marlotte était morte ; puis, comme les relations intimes qu'avait eues cette fille avec le fils Beaudoin n'étaient point un secret pour lui, il ne songea pas même à soupçonner ce dernier.

D'ailleurs le père Jérôme racontait, et sa déposition était fort claire.

Le fils Beaudoin, lui, continuait à se lamenter et demandait vengeance !

Insensiblement, le Putois avait attiré le chien jusque sur le pas de la porte, et il s'était esquivé en l'emportant dans ses bras.

Le père Jérôme disait :

— Je revenais sous bois, lorsque j'ai entendu M. Beaudoin qui frappait à la porte et appelait la Marlotte.

La pauvre femme, comme vous pensez, ne pouvait répondre. La porte était fermée en dedans, nous avons fait le tour par la luzerne et nous avons enfoncé l'autre porte. En même temps une voisine disait :

— M. Beaudoin s'était querellé le matin

avec la Marlotte, et celle-ci, quand il a été parti pour la chasse, est venue fermer la porte en disant :

— Si tu rentres chez moi, c'est que tu passeras par la fenêtre.

Ces deux dépositions établissaient nettement un *alibi* pour le fils Beaudoin.

Ce fut alors que les gendarmes arrivèrent.

Le brigadier Sautereau se fit répéter les faits ; puis il se plaça sur le seuil de la porte et remarqua, comme le père Jérôme, cette trace de pas qui se trouvait dans la luzerne. Pour lui, comme pour tout le monde, l'assassin s'en était allé par là.

Le brigadier laissa son camarade à la garde du cadavre et se mit à suivre la trace de pas.

Mais à la route, qui était ferrée nouvellement, la trace disparaissait.

L'assassin avait-il suivi la route ?

De l'autre côté il y avait un champ, et au delà de ce champ, le chemin de halage du canal.

Le champ était en friche ; quelques touffes d'herbes parasites y croissaient çà et là.

Le brigadier remarqua que cette herbe était pareillement foulée.

Il atteignit le chemin de halage.

Là, ses doutes acquirent la force d'une certitude; il y avait sur le rebord gazonné du chemin l'empreinte d'un pied, et cette empreinte se retrouvait, bien que plus légèrement marquée, sur le sable fin du chemin.

De l'autre côté du canal, il y avait des paysans qui rompaient un morceau de pré.

Le brigadier les appela.

L'un d'eux vint sur le bord opposé, et comme il y avait un pied d'eau tout au plus dans le canal, il se mit bravement à le passer au gué, en retroussant son pantalon et portant ses sabots à la main.

Interrogé par le brigadier, le paysan répondit qu'il n'avait vu que deux personnes passer sur le canal, le petit Passereau, qui venait de la ferme de son père, et le maître d'école qui l'avait rejoint, en courant à travers champs.

Le greffier du juge de paix avait suivi le brigadier et entendu ces explications.

Le brigadier dit :

— Nous ne sommes pas plus avancés. Le maître d'école de Saint-Donat est un honnête homme. J'accuserais la terre entière avant de le soupçonner.

Mais le greffier fronça le sourcil et dit :

— Revenons à la maison où s'est commis le crime. Je vous dirai tout ce que je pense.

De retour chez la Marlotte, le greffier et le brigadier s'enfermèrent dans une chambre contiguë à celle où le crime avait été commis.

Le greffier reprit :

— Vous avez entendu dire que le fils Beaudoin devait épouser Mlle Raynouard, n'est-ce pas ?

— Sans doute, dit le juge de paix, mais le mariage a été rompu.

— Savez-vous pourquoi ?

— Non.

— C'est que Mlle Raynouard aime, dit-on, le maître d'école de Saint-Donat.

— Soit, dit le brigadier, mais qu'est-ce que ça prouve ?

— Dans mon idée, reprit le greffier, abonné fidèle de la *Gazette des Tribunaux* et grand lecteur de romans compliqués et suant le crime à chaque page, le fils Beaudoin, qui est violent, aura proféré des menaces contre le maître d'école. Celui-ci aura vu dans cet homme un obstacle sérieux, et il sera venu chez la **Marlotte** croyant y trouver le fils Beaudoin.

— Bon ! après ? fit le brigadier.

— La Marlotte se sera trouvée seule...

— Et alors, dit le brigadier, vous voulez qu'il ait assassiné la Marlotte ?

— Non..., pas précisément. Mais la Marlotte était une fille violente, *sottisière* ; elle l'aura insulté... que sais-je ? Peut-être a-t-elle porté les premiers coups.

— Mon cher brigadier, dit le juge de paix, je ne vois qu'un moyen d'éclaircir tout cela.

— Lequel ?

— Vous allez partir pour Saint-Donat.

— Et puis ?

— Vous interrogerez le maître d'école.

— Je sais bien ce qu'il me répondra, dit le brigadier.

— S'il proteste de son innocence, vous vous bornerez à le prier de venir. Si, au contraire, son attitude, ses réponses évasives vous paraissent significatives, vous l'arrêterez.

. . . .

Or, tandis que le brigadier s'en allait à Saint-Donat arrêter M. Simonin, le Putois se sauvait avec le chien qu'il emportait chez sa mère.

— Et que veux-tu faire de ce chien ? lui demanda la paysanne.

— C'est mon secret, répondit le Putois.

CHAPITRE XIX

D'où venait Marie Raynouard, et où allait-elle?

Le château de la Rousselière est situé entre Saint-Donat et le Tilleul, sur la gauche de la route et tout près de la forêt.

Cette portion des bois de la Couronne qui avoisine le château était autrefois domaine d'église et appartenait aux moines du couvent voisin.

Les moines avaient donné aux habitants le droit d'affouage, et l'Etat, en prenant leur lieu et place, devait accepter cette servitude. Or, de Saint-Donat et du Tilleul partaient deux chemins vicinaux qui venaient se rejoindre au bord des terres de la Rousselière, et, réunis en un seul, conduisaient en forêt.

On était alors au mois de novembre.

A cette époque de l'année, les travaux des champs ne sont plus si pressants que chacun ne songe à sa provision de bois, d'herbe sèche et de branchage mort.

Dès l'aube, les gens de la Rousselière pouvaient voir passer les femmes du Tilleul pieds nus, portant sur leur tête, les unes des touffes d'herbe, les autres des bourrées.

Il y en avait, ce jour-là, qui, à huit heures du matin, en étaient à leur troisième voyage sous bois.

Or, un garçon de ferme de la Rousselière qui labourait au bord du chemin vit un groupe de femmes qui s'en revenaient du Tilleul et causaient avec animation.

Il quitta sa charrue et s'approcha. Les femmes lui racontèrent l'assassinat de la Marlotte.

Le garçon de charrue s'en alla à la ferme et donna la nouvelle.

De la ferme, la nouvelle alla au château, et mit en grand émoi M. Raynouard et sa fille.

Une heure après, d'autres gens du Tilleul qui allaient en forêt s'arrêtèrent à la ferme de la Rousselière et prétendirent qu'on accusait le maître d'école de Saint-Donat, et que les gendarmes étaient partis pour l'arrêter.

Quelque absurde que pût lui sembler une pareille rumeur, Marie jeta un cri, sortit de chez elle en toute hâte et se mit à courir dans la direction de Saint-Donat.

Comme elle arrivait au bout du sentier qui, en sortant du bouquet d'arbres, sautait sur la route, elle vit les gendarmes et avec eux M. Simonin.

L'entrevue fut poignante.

M. Simonin pâlit et se prit à trembler de tous ses membres.

Marie jeta un nouveau cri et s'élança vers lui :

— Oh! dit-elle, où allez-vous donc ainsi?

— Je suis ces messieurs, répondit M. Simonin.

Le brigadier essaya de cacher la vérité à la jeune fille.

— M. Simonin, dit-il, nous accompagne au Tilleul, où nous avons besoin de lui.

Mais elle regarda le brigadier d'un air de doute, puis s'adressant à M. Simonin :

— Est-ce vrai cela? dit-elle.

— Je ne sais pas mentir, mademoiselle, répondit le maître d'école. Je suis prisonnier.

— Prisonnier ! Mais on vous accuse donc ?

— Oui.

— Oh ! fit la jeune fille en lui prenant vivement la main, vous êtes innocent, j'en suis sûre.

— Oui, dit M. Simonin avec un sourire triste, mais les preuves sont contre moi !

— Monsieur le brigadier, s'écria Marie, vous n'allez pas l'emmener au moins ?

— Hélas ! dit le brigadier, j'en ai reçu l'ordre ; mais, comme vous, mademoiselle, je ne peux pas croire que M. Simonin soit coupable.

Le maître d'école se taisait.

— Mais dites-leur donc que vous êtes innocent ! reprit Marie Raynouard avec angoisse.

— Pauvre jeune fille ! pensait le brigadier. Elle l'aime... et il l'aime...; le greffier a peut-être deviné la vérité...

Marie, en voulant sauver M. Simonin, faisait peser une charge de plus sur lui.

Le jeune maître d'école sentait tout son courage l'abandonner :

— Mademoiselle, dit-il, dans mon malheur, j'ai une consolation suprême :

Vous croyez à mon innocence.

— Si j'y crois ! dit-elle.

Et elle lui prit de nouveau les mains et les serra convulsivement.

— Adieu! dit M. Simonin.

— Oh! non... au revoir... tout s'expliquera... n'est-ce pas, monsieur le brigadier? fit-elle d'une voix brisée.

— Je l'espère, mademoiselle.

Le père Sautereau était remonté à cheval; il voulait un peu brusquer cette scène d'adieu qui devenait déchirante.

Mais alors la jeune fille eut le courage de son amour, et, oubliant qu'elle allait en faire l'aveu pour la première fois, elle se jeta au cou de M. Simonin :

— Ah! vous ne l'emmènerez pas! dit-elle.

M. Simonin sentit ses genoux fléchir :

— Marie, dit-il tout bas, si vous avez quelque amitié pour moi, soyez forte; Dieu est bon, il ne m'abandonnera pas!

Et il se dégagea de son étreinte, lui baisa respectueusement la main et dit aux gendarmes :

— Allons! messieurs, je suis prêt à vous suivre.

Marie se laissa tomber sur un tas de jars, au bord de la route et se mit à fondre en larmes.

M. Simonin et elle échangèrent de nouveaux adieux, de distance en distance.

Quand il avait fait vingt pas, le jeune homme se retournait et voyait la jeune fille agiter son mouchoir. Puis il continuait sa route entre les deux gendarmes.

Enfin il disparut à un coude du chemin et Marie, éperdue, se mit à genoux et murmura :

— Mon Dieu ! c'est pourtant l'homme que j'aime et que je vous ai demandé pour époux... Mon Dieu ! protégez-le et ayez pitié de nous !

. . . .

Le brigadier, en s'en allant, dit à M. Simonin :

— Je ne vous mettrai pas les menottes, car vous voilà au Tilleul et nous allons entrer tout de suite dans la maison du meurtre, où le juge de paix nous attend. Je crois à votre innocence, mais encore faut-il que vous la fassiez triompher, et ce sera difficile si vous ne voulez pas nous dire pourquoi vous êtes allé ce matin chez la Marlotte.

— Je le dirai au juge d'instruction, dit M. Simonin.

Une heure auparavant, M. Simonin, accablé par les remords, sur ce qu'il croyait, en sa conscience, être une action coupable, ne songeait même pas à se disculper.

Mais, à présent, il avait vu Marie Raynouard; elle lui avait implicitement avoué son amour; et l'espoir était entré dans son cœur, et il ne voulait pas aller en prison.

Tout le pays était en rumeur, et la rue de la Marlotte était pleine de monde.

Quand on vit apparaître M. Simonin, il y eut des murmures de compassion.

Ce grand jeune homme à l'œil bleu, au front calme, qui depuis tout à l heure deux années s'était fait une si bonne réputation dans la contrée, pouvait-il être un assassin?

Le brigadier le regarda, en mettant pied à terre.

— A la bonne heure! dit-il, vous avez le visage tranquille d'un honnête homme.

Et il le fit entrer dans la maison de la Marlotte.

On avait porté le cadavre sur un lit, et le juge de paix, le greffier, le maire du Tilleul et le garde champêtre se trouvaient dans la première pièce.

Le fils Beaudoin, continuant son rôle d'homme désespéré, était auprès du cadavre et s'arrachait les cheveux.

— Monsieur, dit le juge de paix à M. Simonin en le voyant entrer, vous savez de quoi l'on vous accuse ?

— Oui, monsieur, répondit M. Simonin ; je suis innocent.

— Je le crois, et nous le croyons tous, dit le juge de paix ; mais il faut nous le prouver. Etes-vous venu ici ce matin ?

— Oui, monsieur.

— Dans quel but ?

— Je voulais voir le fils Beaudoin.

En entendant prononcer son nom, le fils Beaudoin sortit de la chambre où était le cadavre.

— Ah ! misérable ! dit-il, assassin, brigand !

Et il voulut s'élancer sur le maître d'école.

Le brigadier de gendarmerie le contint.

— Monsieur Beaudoin, dit vivement le juge de paix, je vous prie de garder le silence et de ne pas troubler la justice.

— Ah ! vociféra le fils Beaudoin, tu dis que tu venais me voir..., mais est-ce que je te connais, moi ?

— C'est vrai, dit M. Simonin, vous ne me connaissez pas, mais vous avez voulu me faire assassiner !

Ces mots produisirent une sensation immense.

— Monsieur le juge de paix, dit M. Simonin, on a répandu le bruit dans le pays que j'étais la cause de la rupture du mariage projeté entre monsieur Beaudoin et mademoiselle Raynouard.

— C'est vrai cela, dit imprudemment le fils Beaudoin.

— Monsieur, reprit le maître d'école avec calme, a voulu me faire assassiner.

— Tu mens, misérable ! hurla le fils Beaudoin.

— Prenez garde, monsieur, dit le juge de paix, d'accusé, vous devenez accusateur !

— Monsieur, répondit M. Simonin, j'ai un témoin à produire, à l'appui de ce que j'avance.

— Quel est-il ?

— C'est le fils du maître d'école, mon prédécesseur : on le nomme Grégoire Chenu.

A ce nom, le fils Beaudoin tressaillit, et le brigadier Sautcreau, qui depuis un quart d'heure ne le quittait pas des yeux, fronça imperceptiblement le sourcil.

CHAPITRE XX

M. Simonin venait de prendre une attitude si calme et si digne, qu'on eût dit un juge et non un accusé.

— Messieurs, dit-il, en rentrant chez moi hier, j'ai trouvé un chien qui m'avait été volé.

Et il raconta l'histoire du chien, la façon dont il s'en était débarrassé, puis sa course nocturne dans la forêt, sa rencontre avec Grégoire Chenu et les aveux de celui-ci.

A mesure que M. Simonin parlait, le fils Beaudoin avait des gestes violents de dénégation, et souvent il s'écriait :

— Cet homme est un assassin ! ne le croyez pas... C'est pour sauver sa tête qu'il vous débite tous ces mensonges absurdes !

— Continuez, monsieur, dit le juge de paix.

M. Simonin avoua alors qu'il avait obéi à un mouvement de colère, et qu'il avait couru chez la Marlotte dans l'espoir d'y rencontrer le fils Beaudoin et de s'expliquer vertement avec lui ; qu'il avait trouvé la Marlotte toute seule, pleurant et se plaignant d'avoir été battue, et qu'enfin cette dernière lui avait remis une lettre fort compromettante pour le fils Beaudoin.

— Où est cette lettre? demanda le juge de paix.

— Je l'ai déchirée et jetée dans le canal, honteux que j'étais d'avoir obéi à un désir de vengeance, répondit M. Simonin.

— C'est fâcheux, murmura le père Sautereau, qui sentait bien que cette lettre eût été d'un grand poids dans la justification du maître d'école. Mais celui-ci continua :

— L'enfant dont j'invoque le témoignage est un enfant vicieux et qui, plusieurs fois, a cherché à me nuire; mais il n'osera pas, en ma présence, altérer la vérité.

— Monsieur, dit le juge de paix, je vais envoyer un des gendarmes à Saint-Donat chercher ce garçon, et nous le confronterons avec vous.

Le juge de paix avait ordonné qu'on fermât les portes de la maison.

La foule stationnait donc au dehors, impatiente, curieuse, se communiquant ses impressions et ses doutes.

Or, parmi cette foule, deux jeunes garçons allaient et venaient recueillant avec avidité tous les bruits, toutes les opinions.

L'un était *le Putois*, cet ennemi du fils Beaudoin.

L'autre ce même Grégoire Chenu, l'ennemi de M. Simonin, dont celui-ci maintenant invoquait le témoignage, et qu'on s'apprêtait à aller chercher à Saint-Donat.

Partout où il y avait bruit et scandale, on était sûr de trouver Grégoire Chenu.

Il avait appris l'arrestation de M. Simonin, et toute sa haine pour le maître d'école s'était réveillée.

Il avait pendu ses jambes à son cou, et s'était dit, en courant vers le Tilleul :

— Ah! si on pouvait lui couper le cou, quelle chance!

Le brigadier, qui connaissait parfaitement Grégoire Chenu, l'aperçut parmi la foule et l'appréhenda au collet :

— Viens ici, drôle, lui dit-il, on a besoin de toi.

Et, le poussant rudement devant lui, il le fit entrer dans la maison.

Grégoire Chenu fut un peu effrayé en entrant.

Si peu imposante qu'elle fût, cette justice de campagne lui causa une certaine impression.

Le maire du Tilleul avait ceint son écharpe, le greffier avait la plume à la main et suivait l'interrogatoire.

Enfin, M. Simonin, l'accusé, avait la tête haute, tandis que le fils Beaudoin, l'accusateur, était d'une pâleur livide.

Grégoire Chenu rencontra le regard de ce dernier et tressaillit.

Le fils Beaudoin exerçait sur le petit misérable une sorte de fascination.

— Jeune homme, dit le juge de paix, vous devez connaître la loi qui punit très-sévèrement les faux témoins.

Grégoire Chenu demeura impassible.

— Où étiez-vous cette nuit ? reprit le juge.

— A la maison, donc ! répondit l'enfant.

— Ce garçon ne peut nier m'avoir rencontré cette nuit, en forêt, derrière la ferme de M. Taconey, dit M. Simonin.

Grégoire fit cette réflexion :

Si j'avoue cela et si, par cet aveu, j'innocente

le maître d'école, je fais condamner le fils Beaudoin, et comme j'étais son complice dans l'affaire des mouches, je me fais arrêter du même coup.

Aussi répondit-il avec assurance, sans qu'un muscle de son visage tressaillît, sans que sa voix s'altérât :

— Faites excuse, monsieur le maître, vous vous serez trompé; la nuit tous les chats sont gris, et un homme ressemble à un autre.

— Comment! exclama M. Simonin stupéfait, tu oses dire que je ne t'ai pas rencontré?

— Pour sûr, ce n'est pas moi ; j'étais couché chez maman, elle vous le dira comme moi.

— Mais je t'ai parlé !

— Je crois bien que vous avez parlé à quelqu'un, mais ce n'est pas à moi.

— Et tu m'as répondu...

— Ah ! mais non!.. ce n'est pas moi ! répéta Grégoire Chenu.

— Il y a mieux, dit M. Simonin, tu m'as dit que c'était M. Beaudoin qui t'avait donné l'idée de me voler mon chien.

— Je n'ai jamais volé votre chien.

— Et de le faire piquer par les mouches, ajouta M. Simonin indigné de l'audace du petit misérable.

Le fils Chenu se mit à rire, et son rire fut si net, si franc, que le juge de paix s'y laissa prendre.

— Monsieur, dit l'enfant, je crois bien que M. Simonin a perdu la tête rapport à la demoiselle de la Rousselière, car je pourrais dire bien des choses, moi, si je le voulais.

Et Grégoire Chenu jeta à la dérobée un regard féroce sur M. Simonin.

— Et que peux-tu dire sur moi, misérable? demanda le maître d'école.

— Après ça, dit l'enfant, si c'est pas nécessaire, j'aime autant rien dire.

— Parlez! dit sévèrement le juge. Vous devez toute la vérité à la justice.

Grégoire Chenu n'hésita pas. Dans son esprit ingénieux et pervers, il jouait sa liberté contre la tête du maître d'école, et il préférait sa liberté.

Il fit la déposition suivante, que tout le monde écouta avec attention :

— Quand il a su que M. Beaudoin allait épouser la demoiselle de la Rousselière, monsieur le maître a été furieux, vu qu'il avait ses plans sur elle. Un soir que nous nous en revenions de la chasse, M. Beaudoin et moi, car je portais son carnier, nous avons aperçu un homme caché dans une broussaille avec un fusil.

— C'est un affûteur, m'a dit M. Beaudoin.

— C'est bien possible, ai-je répondu. Mais j'avais reconnu M. le maître. Il attendait M. Beaudoin. Faut croire que le courage lui aura manqué.

— Mais tout cela est une infâme calomnie! s'écria M. Simonin hors de lui.

— Vous souvenez-vous de cela, Beaudoin? dit le juge de paix.

— Je me souviens parfaitement de l'homme caché dans les broussailles, répondit le fils Beaudoin, seulement je ne sais pas si c'était celui-là.

A mesure que M. Simonin essayait de débrouiller le terrible écheveau qui l'étreignait, il s'enchevêtrait davantage.

Un moment le jeune maître d'école se vit perdu, surtout quand le juge de paix résuma ainsi la situation :

— Il y a un fait patent. Vous êtes venu ici ce matin. Il y en a un autre encore, c'est que, lorsque M. Beaudoin est parti pour la chasse, la Marlotte s'est montrée dans la rue. Les dépositions des différents témoins en font foi. En outre, on n'a rien volé dans la maison. Le meurtre n'a donc pas eu la cupidité pour mobile. Je suis donc obligé de vous maintenir en état d'arrestation.

— Tous ces gens-là s'entendent pour me perdre, dit M. Simonin avec douceur, mais je proteste de mon innocence !

— Je souhaite que les débats de la cour d'assises la fassent triompher, répondit le juge de paix.

Mais on devinait à son accent qu'il était convaincu de la culpabilité de M. Simonin.

Le brigadier lui-même sentait sa conviction ébranlée.

Quant au fils Beaudoin, il regardait Grégoire Chenu d'un air qui semblait dire :

— Grâce à toi, nous l'échappons belle !

Le juge de paix ajouta :

— Je vais vous envoyer à la prison de Jargeau, d'où vous serez extrait sans doute demain pour être dirigé sur Orléans. J'ai déjà averti le parquet de cette dernière ville.

Mais comme le juge parlait ainsi, M. Simonin tressaillit tout à coup.

Le fils Beaudoin avait cru trop vite à son triomphe; et il avait imprudemment retiré sa main gauche de la poche de son pantalon.

Or, M. Simonin venait d'apercevoir à cette

main une plaie, et de reconnaître dans cette plaie une morsure.

Il comprit alors qu'il fallait jouer le tout pour le tout.

— Monsieur, dit-il au juge de paix, vous ne pouvez pas me refuser une dernière épreuve en faveur de mon innocence. En ce moment, sa voix était claire, limpide, vibrante, et il se fit un revirement subit dans l'esprit des assistants.

En même temps le fils Beaudoin et Grégoire Chenu eurent peur.

CHAPITRE XXI

Le revirement qui venait de se produire parmi les assistants fut tel qu'une fois de plus M. Simonin se trouva avoir l'attitude d'un juge et perdit celle d'accusé.

Monsieur le juge de paix, dit-il, je désire causer un moment seul à seul avec vous et le brigadier.

Il avait dans la voix, dans le geste, une autorité toute nouvelle.

Le juge fit un signe au second gendarme.

— Ne laissez sortir personne, lui dit-il.

Puis il ouvrit la porte de cette deuxième chambre où on avait transporté le cadavre de la Marlotte, et le brigadier et M. Simonin y entrèrent avec lui.

— Monsieur, dit alors le maître d'école, n'a-t-on pas dit, au commencement de l'instruction, qu'il y avait un chien dans la maison lorsque le meurtre a été commis ?

— Oui, on l'a dit, et je l'ai vu, dit le brigadier.

— Le chien aurait, paraît-il, défendu sa maîtresse avec furie.

— C'est bien certain, répondit le brigadier, car il est tout en sang.

— Eh bien, lui dit M. Simonin, où est ce chien ?

— On l'a laissé sortir.

— Il faudrait le retrouver.

— Pourquoi faire ?

— Pour me confronter avec lui, dit froidement M. Simonin.

La fenêtre de la chambre était ouverte et donnait sur la cour.

Comme M. Simonin parlait ainsi, *le Putois*, qui s'était glissé dans la cour, se montra à cette fenêtre.

— C'est moi qui ai emmené le chien, dit-il.

— Où donc ? fit le brigadier.

— A la maison.

Le juge de paix ne comprenait pas encore, mais le brigadier avait saisi tout le plan de M. Simonin.

— Monsieur le juge, dit-il, je ne crois plus à l'innocence de M. Simonin, j'en suis sûr ; et, si on veut me laisser faire, je la prouverai.

— Comment cela?

— Je demande carte blanche pour un quart d'heure.

— Faites, dit le juge, qui commençait à deviner, lui aussi.

Le brigadier dit au Putois :

— Ecoute bien ce que je vais te dire.

— Allez! dit le petit paysan.

— Tu vas aller chercher le chien.

— Bien.

— Tu l'apporteras dans tes bras et tu passeras par la cour, puis tu me le jetteras par la fenêtre où tu es. Va, et ne fais que les deux chemins.

L'enfant disparut.

Alors le brigadier prit à bras le corps le cadavre de la Marlotte et le coucha de nouveau sur le carreau, dans l'attitude où on l'avait trouvé.

Après quoi il ouvrit la porte à demi de façon qu'on ne pût voir le cadavre de la seconde pièce lorsque le juge de paix et M. Simonin y passeraient ; et lorsque ce fut fait, il resta seul.

Dans la seconde pièce on avait vu reparaître le juge de paix et M. Simonin.

Ce dernier était toujours parfaitement calme.

Le fils Beaudoin, au contraire, perdait peu à peu toute son assurance, et sentait bien qu'il se tramait quelque chose contre lui.

— Mais quand donc tout cela sera-t-il fini? dit-il. Voilà qu'il est trois heures de l'après-midi, et je n'ai pas un brin de pain dans le ventre. Monsieur le juge, j'en suis bien fâché, mais je vais aller déjeuner.

— Monsieur le juge, dit M. Simonin, cet homme m'a accusé, il est juste qu'il demeure là tandis que je chercherai à me disculper.

— Je ne fuis pas la justice, moi! dit le fils Beaudoin essayant de payer d'audace.

— Restez! dit sévèrement le juge de paix.

En ce moment le brigadier reparut.

— Monsieur Beaudoin, dit-il, vous allez demeurer ici avec mon camarade et le garçon que voilà (il désignait Grégoire Chenu, qui commençait à se repentir de son faux témoignage).

— Quant à vous, monsieur Simonin, continua le brigadier, vous attendrez ici que je vous appelle.

— Oui, dit le maître d'école, qui savait fort bien ce que voulait le brigadier.

Sur un signe de ce dernier, le gendarme sous ses ordres emmena le fils Beaudoin et Grégoire Chenu à l'autre extrémité de la chambre, de façon qu'il leur fût impossible de voir ce qui se passerait dans celle où était le cadavre lorsque la porte s'ouvrirait.

Puis, le brigadier dit au maire et au greffier :

— Venez avec nous, messieurs.

Le maire, le juge de paix et le greffier trouvèrent le cadavre étendu par terre et, couché sur le cadavre, le chien que le Putois avait rapporté dans ses bras.

Le chien leva la tête, regarda ceux qui entraient, mais ne bougea et ne fit entendre aucun murmure.

Le brigadier dit au juge :

— Il est bien certain que l'assassin n'est pas parmi nous.

— C'est probable, dit le maire en souriant.

— Mais, il est probable aussi, dit le brigadier, que si c'est avec M. Simonin qu'il a soutenu cette lutte acharnée, car vous voyez dans quel état il est, il essayera de se jeter sur lui en le voyant reparaître.

— Je le crois aussi, dit le juge de paix.

Le brigadier entr'ouvrit alors la porte et dit :

— Monsieur Simonin, venez donc un peu.

Le maître d'école obéit. Le brigadier referma la porte. De nouveau le chien tourna la tête, regarda M. Simonin avec indifférence, et comme quelqu'un qu'on voit pour la première fois.

Puis il s'allongea de nouveau sur le cadavre et se remit à lui lécher les mains et le visage.

Alors le brigadier regarda les assistants d'un air de triomphe.

— Croyez-vous pas, dit-il, que si l'assassin était ici, le chien serait si tranquille?

Mais le greffier était sceptique.

— Tout cela ne prouve pas que monsieur soit innocent, dit-il. Et rien ne nous prouve non plus que le chien se soit trouvé là quand le meurtre a eu lieu.

— Vous voyez pourtant dans quel état il est?

— Soit, mais un crime a été commis et nous ne pouvons, sur le témoignage muet d'un chien, mettre en liberté un homme sur lequel pèsent des charges très-graves.

— A moins que nous ne trouvions le véritable assassin, n'est-ce pas?

— Vous savez donc où il est? dit le greffier.

— Oui, dit M. Simonin.

— Oui, dit le brigadier.

— Alors, voyons.

Le brigadier entr'ouvrit de nouveau la porte et dit :

— Hé! monsieur Beaudoin, venez donc, je crois que l'affaire est toisée.

Ces mots donnèrent le change au misérable, il entra d'un pas délibéré.

Mais soudain il s'arrêta, muet, pâle, étreint à la gorge par une horrible angoisse.

— Le chien! murmura-t-il.

Le chien bondit sur ses pieds, roula ses yeux sanglants et s'élança sur maître Beaudoin.

— Arrière, bête d'enfer! dit-il en repoussant le chien d'un coup de pied.

Mais le chien féroce, hors de lui, la gueule écumante, se prit à hurler furieusement.

Le brigadier le saisit alors par le cou et lui fit lâcher prise, car il avait pris la blouse du fils Beaudoin avec ses dents et la tirait fortement.

L'assassin s'était mis à crier.

— Qu'est-ce que vous avez donc fait à votre chien? fit le brigadier d'un ton narquois.

— Le chien a mordu monsieur, dit M. Simonin.

Et il prit la main de l'assassin et dit :

— Voyez! regardez!

— Oh! misérable bête! ah! canaille! tu vends ton maître, hurla le fils Beaudoin devenu livide.

— Otez la blouse de cet homme, dit encore M. Simonin, et vous trouverez ses bras et ses épaules mordus.

Cet homme est l'assassin de la Marlotte.

Les hurlements du chien achevèrent de faire perdre contenance au fils Beaudoin, sur lequel étaient tournés tous les regards.

— Tout ça ne prouve rien, dit-il. J'étais à la chasse quand la chose est arrivée.

— Voilà, dit le juge de paix convaincu, ce que vous essayerez de démontrer au juge d'instruction, lorsque vous subirez votre premier interrogatoire. Gendarmes, assurez-vous de la personne de cet homme! Monsieur Simonin, vous êtes libre. . . . .
. . . .

Quand on vit M. Simonin sortir libre de cette maison, où il était entré prisonnier, la foule éclata en applaudissements.

Mais les applaudissements redoublèrent lorsque le fils Beaudoin, qu'on exécrait autant qu'on le craignait, parut, les menottes aux mains, poussé par l'un des gendarmes.

Le brigadier avait pris Grégoire Chenu au collet et lui disait :

— Ton affaire n'est pas bonne, mon garçon. Tu es faux témoin, et tu as commis une tentative d'assassinat.

Tu es trop jeune pour qu'on puisse te couper le cou, mais tu seras mis à l'ombre pour un joli bout de temps.

CHAPITRE XXII

L'humanité est ainsi faite, qu'elle passe sa vie à souhaiter ce qu'elle n'a pas et à regretter ce qu'elle n'a plus.

M. Simonin avait eu bien du mal à se faire accepter à Saint-Donat. On ne lui avait ménagé ni les avanies, ni les calomnies, ni le mauvais vouloir. Il avait peu à peu triomphé, et on lui rendait justice.

Mais il avait encore néanmoins bien des oppositions, et sans le tragique événement que nous venons de raconter, il est probable que son triomphe n'eût pas été complet de sitôt.

Eh bien, la nouvelle de son arrestation se répandit aussi vite que prend feu une traînée de poudre, et du bourg aux hameaux et des hameaux aux fermes ; et, il faut bien le dire à la louange de tous, personne ne crut à la culpabilité du jeune maître d'école.

Pendant toute la journée, les travaux furent suspendus; il y eut des attroupements à toutes les portes, des conciliabules dans toutes les maisons, et plus d'un orateur improvisé défendit hautement, au coin d'une rue ou devant la loge de Branchu, l'honneur de M. Simonin.

Ce fut un deuil général et une consternation sans exemple.

Une seule personne, une femme, ayant osé dire dans un groupe que M. Simonin était un étranger, qu'on ne le connaissait pas, et qu'après tout il pouvait être coupable, elle fut huée et contrainte de se réfugier chez elle en toute hâte.

Cette femme était la veuve de ce bon M. Chenu, le défunt maître d'école tant regretté par le père Jacques le tonnelier, adjoint au maire.

Comme il n'y a guère que trois quarts de lieue de Saint-Donat au Tilleul, et que la route est quasiment toute droite, une vingtaine de jeunes gens et de jeunes hommes y allèrent et grossirent la foule, si considérable déjà, qui stationnait devant la maison de la Marlotte.

Car, pendant près de trois heures, la justice

et le prétendu coupable s'étaient tenus enfermés dans cette maison, et rien n'avait transpiré du dehors de ce qui se passait au dedans.

Mais la foule avait causé et fait des commentaires.

Les gens du Tilleul craignaient trop les Beaudoin pour oser les accuser ; mais ceux de Saint-Donat avaient plus d'indépendance, et plusieurs dirent tout haut que le fils Beaudoin avait bien pu faire le coup.

Aussi, lorsque celui-ci parut entre les deux gendarmes, les menottes aux mains, les gens de Saint-Donat donnèrent-ils le signal des applaudissements.

En même temps, ceux du Tilleul s'enhardirent ; les plus timides, en voyant leur oppresseur aux mains de la justice, se hasardèrent à le huer ; et le père Jérôme Tringou, le voisin de la Marlotte, ne fut pas le dernier.

Le fils Chenu, ce méchant petit drôle, fut pareillement hué, surtout lorsqu'on eut entendu les paroles du père Sautereau, le brigadier.

Mais jamais général de la vieille Rome arrivant chargé de dépouilles opimes n'eut le succès de M. Simonin.

Il lui fut impossible de toucher le sol.

Les gens de Saint-Donat s'en emparèrent et

le portèrent en triomphe, escortés du reste par toute la jeune population du Tilleul qui criait à tue-tête :

— Vive monsieur Simonin!

Le vieil instituteur du Tilleul, M. Pingout, était venu à sa rencontre et lui fit un compliment pédantesque auquel il mêla quelques barbarismes latins.

Le pauvre jeune homme pleurait.

A mi-chemin de Saint-Donat, l'émotion du jeune maître d'école redoubla.

Il y avait sur la route des dames et des messieurs en redingote.

M. Simonin reconnut M. Taconey, la terrible mairesse et sa fille, et, à côté d'eux, le vieux monsieur Raynouard, qui donnait le bras à Marie toute frémissante de joie.

M#### Taconey n'était pas une mauvaise femme au fond; elle prit la main du jeune maître d'école et lui dit :

— Vous viendrez dîner à la maison, n'est-ce pas ? Nous boirons tous à votre santé !

Comme il entrait dans le village, les deux modestes cloches sonnèrent; et le curé, lui aussi, vint à la rencontre de l'innocent calomnié !...

Ce fut une véritable fête le reste du jour.

On dansa sur la pelouse de l'habitation du

maire, et Mme Taconey donna plus de dix bouteilles de vin à distribuer.

M. Simonin fut plus d'une fois ému jusqu'aux larmes, et, s'il avait eu de l'orgueil, il aurait pu se croire le roi de ce petit pays.

Cependant, dès le lendemain, il reprit sa classe comme si de rien n'était; et, chose assez singulière, il n'alla faire aucune visite à la Rousselière.

Marie Raynouard et son père, du reste, n'avaient point dîné, la veille, chez M. Taconey.

Mais l'amour des deux jeunes gens n'était plus un mystère pour personne, et on en jasait d'une façon bienveillante, le lendemain soir, devant la forge de Branchu.

La forge avait toujours été le rendez-vous de tous les hommes en sabots de Saint-Donat.

Le père Jacques, qui s'était assis sur l'enclume, disait :

— Si le père Raynouard, qui n'est quasiment plus avare et qui s'est mis à nous faire du bien, voulait être un homme de bon sens jusqu'au bout, il donnerait sa fille à M. Simonin.

— Il n'aurait pas fait un mauvais rêve, notre magister, observa Branchu.

— Qu'est-ce qu'il peut bien avoir, le père Raynouard ? demanda Mathieu Dominique.

— Plus d'un million.

— Oui, observa Branchu, mais il a deux enfants. Faut croire qu'il ne déshéritera pas son fils.

— C'est égal, il en restera encore assez pour la demoiselle.

— Beaucoup trop, soupira Branchu.

— Pourquoi donc ça?

— Mais, parce que M. Simonin n'a rien du tout ou à peu près.

— Elle en a pour deux.

— Oui, mais le père Raynouard voudra-t-il?

Il est un proverbe très-vieux et assez juste qui consiste à dire « qu'à force de parler du loup, on finit par le voir. »

Il y avait plus d'une heure qu'on jasait de M. Raynouard, lorsqu'on le vit apparaître à l'extrémité de la rue.

Le vieillard était momentanément débarrassé de la goutte, et il marchait fort librement.

Chose extraordinaire, car il ne venait jamais au bourg sans sa fille. Il était seul.

Il passa devant la forge sans s'arrêter, se bornant à répondre aux saluts qu'on lui adressa, et il alla frapper à la porte de la maison d'école.

Il était presque nuit : le dernier écolier

était parti; — la Salomon préparait le souper du maître, et ce dernier, en attendant son repas, lisait au coin du feu.

En voyant entrer M. Raynouard, il éprouva une sorte de sensation électrique.

C'était la première fois que le vieillard venait chez lui.

— Monsieur le maître, lui dit le vieillard, vous m'excuserez de venir aussi tard, mais je crois qu'il ne faut jamais renvoyer au lendemain ce qu'on peut faire la veille.

— Vous avez raison, monsieur, répondit M. Simonin un peu ému. Et il lui avança un siége, ajoutant :

— Est-ce que vous avez besoin de moi ?

— Peut-être bien, fit le vieillard avec un petit sourire malicieux.

— Je suis à vos ordres, répondit M. Simonin de plus en plus ému.

— Je viens vous consulter, reprit M. Raynouard. J'ai envie de marier ma fille.

M. Simonin pâlit et il eut un battement de cœur.

— Oui, dit M. Raynouard, et si je trouvais un brave garçon qui me promit de faire son bonheur et de la consoler, quand je serais parti...

En parlant ainsi, M. Raynouard continuait à sourire et regardait M. Simonin.

Le jeune maître d'école tremblait comme la feuille d'automne aux premiers souffles de la bise.

— Qu'en pensez-vous? continua M. Raynouard.

— Mais... monsieur... balbutia M. Simonin, encore faut-il que ce jeune homme... ait quelque fortune...

— Ma fille en a pour deux, dit le vieillard.

Puis il prit la main de M. Simonin.

— Tenez, dit-il, sans mentir, je crois que je ne ferais pas une mauvaise affaire si je vous donnais ma fille. La voulez-vous?

M. Simonin se leva vivement.

— Ah! dit-il d'une voix étouffée, prenez garde! je suis capable d'en mourir.

— Mais non, répondit le vieillard. Au lieu de souper tout seul, venez-vous-en souper à la Rousselière. Je l'ai promis à Marie. Nous parlerons d'affaires de famille...

— Je crois bien que la chose est en train, murmura le père Jacques en voyant passer M. Raynouard qui donnait le bras à M. Simonin.

ÉPILOGUE

Les derniers événements que je viens de raconter s'étaient passés en mon absence.

Je n'étais pas retourné à Saint-Donat de l'hiver ; j'avais passé mon printemps à Paris et mon été à Etretat.

Je ne revins aux Charmilles que le 28 août de l'année suivante, veille de l'ouverture de la chasse.

Le lendemain matin, en ouvrant ma fenêtre, je fus un peu surpris de voir la Rousselière à travers les arbres, blanche et coquette comme une villa de Montmorency ou de Chatou.

Le vieux manoir avait perdu sa robe grise ; une belle pelouse verte avait remplacé le potager, et le vieux parc inculte et touffu était dessiné à l'anglaise.

— Peste ! me dis-je, ce vieux grigou de Raynouard est sans doute mort. On aura vendu la Rousselière à quelque financier qui se donne à cœur joie du râteau et du badigeon.

Il me paraissait impossible que l'ancien commis voyageur entrât de lui-même dans cette voie de prodigalités excessives.

J'allais appeler mon jardinier pour le questionner, lorsque, aux premiers rayons du soleil, je vis briller la *sardine blanche et le jaune baudrier*, comme dit Gustave Nadaud.

Deux gendarmes — et notez que c'était un dimanche—s'avançaient majestueusement dans le chemin creux qui vient de la Rousselière et passe devant la grille des Charmilles avant de rejoindre le bourg de Saint-Donat.

Ils chevauchaient de compagnie, comme dit la chanson, devisant sans doute sur le temps passé.

Je reconnus dans l'un d'eux le père Sautereau.

— Hé ! brigadier ! lui criai-je quand ils furent tous deux devant la grille, venez donc vous rafraîchir !

Le brigadier Sautereau ne refusait jamais. Il mit pied à terre et entra dans l'enclos que j'appelle volontiers mon parc.

— Ah çà, lui dis-je en allant à sa rencontre, d'où venez-vous donc si matin? Est-ce l'ouverture de la chasse qui vous a fait sortir de votre lit avant l'aube?

Les chasseurs de la commune qui se dispensent du permis de chasse ne se lèvent pas d'aussi bonne heure, ou plutôt ils sortent assez tard pour que vous soyez déjà couchés.

— Ce n'est pas cela, me dit-il. A Saint-Donat, comme au Tilleul, tout le monde prend un permis de chasse; et si l'on veut pincer les braconniers, ce n'est pas en plein jour qu'il se faut mettre en campagne.

— D'où venez-vous donc, brigadier?

— De chez le maire.

— Comment! lui dis-je, M. Taconey est à la ferme des Bréaux?

Car la propriété de M. Taconey était à l'opposé du chemin que venait de suivre le brigadier.

Il se prit à sourire et me dit :

— On voit bien que vous revenez de Paris, mon cher monsieur.

— Ah ! et pourquoi donc?

— Monsieur Taconey n'est plus maire.

— En vérité! et depuis quand ?

— Depuis la mort de Mme Taconey.

— Vraiment! mais Mme Taconey est donc morte? m'écriai-je.

— Au mois de juin de cette année.

— De quelle mort?

— D'apoplexie mêlée d'avarice, dit le brigadier en souriant.

Et comme je souriais à mon tour :

— La pauvre chère femme, continua le brigadier, trouvait qu'un cheval mange, qu'un domestique mange, et qu'il faut toujours faire quelque raffistolage à une voiture; elle avait donc fini par vendre le cheval et la carriole, et renvoyer le domestique.

Mais elle ne s'en fiait pas davantage à sa cuisinière, et comme il n'y a de marché qu'au Tilleul, trois fois par semaine elle allait y faire ses provisions.

Un samedi, comme il faisait très-chaud, elle a eu une attaque en plein champ, et elle y est restée jusqu'au soir; mêmement que des vignerons l'ont trouvée qu'elle ne donnait plus signe de vie.

— Et M. Taconey n'est plus maire?

— Dame, il ne l'était que pour faire plaisir à sa femme.

— Et qui donc est maire?

— Le gendre à M. Raynouard.

Je tressaillis et regardai le brigadier.

— Vous vous doutez bien, me dit-il, que c'est de M. Simonin que je parle?

— Sans doute. Mais il n'est donc plus maître d'école?

— Oui et non.

— Comment cela?

— Regardez donc là-bas, me dit le brigadier en étendant la main dans la direction de Saint-Donat; voyez-vous ce grand bâtiment tout neuf qui est à l'entrée du bourg?

— Oui, qu'est-ce donc?

— C'est la nouvelle maison d'école. C'est M. Simonin qui l'a fait construire de ses deniers. En même temps, il a fait venir un de ses camarades, un jeune homme instruit et doux comme lui qui fait la classe à tous ceux qui veulent venir, soit de Saint-Donat, soit du Tilleul et des autres villages environnants.

Car, ajouta le brigadier, il faut vous dire que l'école est gratuite pour tout le monde.

Tandis que le brigadier parlait, nous entendîmes un bruit de grelots, et un petit omnibus attelé de deux vigoureux percherons passa devant la grille.

— Qu'est-ce encore que cela? demandai-je.

— C'est l'omnibus de l'école.

— Plaît-il?

— Oui, c'est une idée de M. Simonin. L'omnibus fait de très-bonne heure le tour des fermes isolées, ramasse un à un tous les enfants, les conduit à l'école et les ramène le soir chez eux.

— Mais c'est merveilleux, cela! murmurai-je.

— Bah! me dit le brigadier, vous ne savez pas tout encore. Avez-vous appris l'histoire du fils Beaudoin ?

— Oui, il a assassiné la Marlotte.

— Vous savez aussi qu'on avait accusé ce digne monsieur Simonin?

— Je sais pareillement cela.

— Eh bien, savez-vous, cet homme du bon Dieu, ce qu'il a fait? Il a fait venir de Paris un de ses amis, un avocat plein de talent qui a si chaudement défendu le misérable, qu'il lui a sauvé la tête. Le fils Beaudoin en a été quitte pour le bagne.

Et, acheva le brigadier, comme je lui disais, à M. Simonin, qu'il avait eu de la bonté de reste, il me répondit :

— J'ai été la cause indirecte du crime de cet homme, je me devais à moi-même de faire tous mes efforts pour l'arracher à l'échafaud. D'ailleurs, la peine de mort est chose si horrible que les hommes doivent faire tout ce qu'ils peuvent pour ne l'appliquer que le plus rarement possible.

— Et Grégoire Chenu, ce mauvais garnement? demandai-je.

— Il est enfermé dans une maison de correction, et il y restera jusqu'à vingt et un ans. Quant à la veuve Chenu, elle a quitté le pays; et moi-même, ajouta le brigadier, je vais bientôt prendre ma retraite.

— Vous! lui dis-je.

— Ah! je suis un vieux soldat de l'ordre, après avoir été un jeune soldat sur le champ de bataille, me dit le brigadier en me saluant avec son verre; mais, sous le tricorne du gendarme, on vieillit plus vite encore que sous le képi du chasseur d'Afrique.

— C'est possible, murmurai-je pensif.

— Et, reprit le père Sautereau, si je vous

racontais ma vie, mon cher monsieur, si je vous disais les obscurs dévouements, les périls ténébreux, les héroïsmes enveloppés d'une sorte de pénombre, de la vie du gendarme, ce deuxième magistrat populaire, vous en feriez peut-être un beau livre.

— Eh bien, répondis-je, quand j'aurai écrit l'histoire de votre maître d'école.

FIN

Paris. — Typographie E. Panckoucke et C°, quai Voltaire, 3.

Librairie de L. HACHETTE ET Cie, boulevard Saint-Germain, N° 77, a

NOUVELLE COLLECTION

A UN FRANC LE VOLUME

Chaque volume se vend séparément, broché, 1 fr., relié solidement, 1 fr. 40

EN VENTE

Barrau (Th. H.) : *Conseils aux ouvriers sur les moyens d'améliorer leur position.* 5 vol.

Calemard de la Fayette : *Petit-Pierre, ou le bon cultivateur.* 1 vol.

Carraud (Mme) : *La Petite-Jeanne ou le Devoir.* 1 vol.

— *Maurice ou le Travail.* 1 vol.

Charton (Ed.) : *Histoires de trois enfants pauvres qui sont devenus riches,* racontées par eux-mêmes et abrégées par Ed. Charton. 1 vol.

Corneille (Pierre) : *Chefs-d'œuvre.* 1 vol.

DelaPalme : *Le premier livre du citoyen.* 1 vol.

Homère : *Les Beautés de l'Iliade et de l'Odyssée*, par P. G... 1 vol.

La Fontaine : *Choix de Fables.* 1 vol.

Molière : *Chefs-d'œuvre.* 2 vol.

Racine (Jean) : *Chefs-d'œuvre.* 2 vol.

Shakspeare : *Chefs-d'œuvre.* 3 vol.

Véron (Eugène) : *Les Associations ouvrières en Allemagne, en Angleterre et en France.* 1 vol.

EN PRÉPARATION

Calemard de la Fayette : *La Prime d'honneur.* 1 vol.

— *L'agriculture progressive.* 1 vol.

Duval (Jules) : *Notre pays.* 1 vol.

Gœthe : *Chefs-d'œuvre.*

Schiller : *Chefs-d'œuvre.*

Virgile : *Les beautés de l'Énéide.*

Imprimerie générale de Ch. Lahure, rue de Fleurus, 9, à Paris.

www.ingramcontent.com/pod-product-compliance
Lightning Source LLC
Chambersburg PA
CBHW060654170426
43199CB00012B/1784